邱庆剑 著

新税法
升级版

避税2：
唯一安全的方法

人民东方出版传媒
东方出版社

图书在版编目（CIP）数据

避税.2，唯一安全的方法：新税法升级版 / 邱庆剑 著. —北京：东方出版社，2021.4

ISBN 978-7-5207-1322-1

Ⅰ.①避… Ⅱ.①邱… Ⅲ.①避税—基本知识—中国 Ⅳ.①F812.423

中国版本图书馆 CIP 数据核字（2021）第 037411 号

避税 2：唯一安全的方法（新税法升级版）

（BISHUI ER：WEIYI ANQUAN DE FANGFA——XINSHUIFA SHENGJIBAN）

作　　者：	邱庆剑
责任编辑：	申　浩
出　　版：	东方出版社
发　　行：	人民东方出版传媒有限公司
地　　址：	北京市西城区北三环中路 6 号
邮　　编：	100120
印　　刷：	北京文昌阁彩色印刷有限责任公司
版　　次：	2021 年 4 月第 1 版
印　　次：	2021 年 4 月第 1 次印刷
开　　本：	880 毫米×1230 毫米　1/32
印　　张：	7
字　　数：	150 千字
书　　号：	ISBN 978-7-5207-1322-1
定　　价：	48.00 元

发行电话：（010）85924663　85924644　85924641

版权所有，违者必究

如有印装质量问题，我社负责调换，请拨打电话：（010）85924602　85924603

目 录

修订说明 / 001

序言　33分钟，节税33亿 / 003

第1章　你的工作：避税 / 001

1. 老板要求：避税超亿元！／ 001
2. 退却，还是前进？／ 003
3. 一段石碑 / 005

第2章　鱼凫：古蜀梦想 / 007

1. 国王有个奇怪的名字 / 007
2. 从山上下来 / 009
3. 宝墩，奔走求生的先民 / 012
4. 杜鹃啼血 / 013

5. 三星堆，安身立命的黄土堆 / 015

6. 金沙遗梦 / 016

7. 巴人引火烧身 / 017

第3章　都江堰 / 020

1. 拜水都江堰 / 020

2. "太"不能"守" / 021

3. 灵感来自哪里 / 023

4. 都江堰 / 025

第4章　节税工程的诞生 / 028

1. 堵不住，导不了 / 028

2. 在最关键的地方下手 / 031

3. 捕鱼的灵感：分水 / 034

4. 一大一小两条江 / 039

5. 遇湾裁角，逢正抽心 / 045

6. 深淘滩，低作堰 / 052

7. 岁必一修 / 056

8. 节税工程 / 059

第5章　节税工程应用 / 063

1. 第一步　告诉老板："您必须参与！" / 063
2. 第二步　让老板放心："绝对安全！" / 070
3. 第三步　"内江外江，化整为零"——让一个企业变成多个企业 / 071
4. 第四步　"大江小江，形式并存"——在不同企业之间形成税负"落差" / 075
5. 第五步　"鱼嘴劈江，四六分水"——左右倒手，调节产能 / 086
6. 第六步　"深淘低作，飞沙扬金"——价格调节，转移利润 / 088
7. 第七步　"遇湾裁角，逢正抽心"——流程优化，控制税负"高点" / 091
8. 第八步　"岁必一修，维护环境"——融洽税企关系 / 095

第6章　节税工程方法体系 / 097

1. 节税工程与纳税筹划的关系："1 同 10 不同" / 098

2. 节税工程根本指导思想：治水顺水性，治税顺法规 / 104

3. 节税工程方法论：大处着手，小处完善 / 106

4. 节税工程两大基石——江分大小，流分上下 / 108

5. 节税工程三大手段（1）：分江——科学地选择企业组织形式和控制方式 / 117

6. 节税工程三大手段（2）："调水"——在地域上或产业上合理布局生产资源和生产能力 / 131

7. 节税工程三大手段（3）："裁角"——整合及再造企业经营流程 / 135

8. 节税工程实施思路：节税三问 / 140

第7章 小企业怎么办 / 142

1. 大中企业两个方面的应用 / 142

2. 小企业怎么办 / 144

3. 局部"分江" / 145

4. 局部"调水" / 149

5. 局部"裁角" / 153

第8章　节税工程辅助措施／159
　　1. "水量调节"——税基调节法／161
　　2. "落差利用"——税率选择法／167
　　3. "打开宝瓶"——创造优惠法／171

第9章　看懂都江堰，节税上千万／176

第10章　化解"三大红线"税务风险／185
　　1. "裸奔时代"的税务风险／186
　　2. 个人卡收钱隐瞒收入如何化解／188
　　3. 虚开发票如何化解／190
　　4. 公转私如何化解／192

后记　左手逃税一百，右手多缴一千
　　　——中国企业纳税现状／194

修订说明

本书 2013 年首次出版，至今已差不多 7 个年头。这些年里，因为读者的厚爱，该书和《避税：无限接近但不逾越》一道，在各大图书销售网站上一直占据着排行榜前列的位置。

税收法规，总是受到多种因素的影响，比如国家经济发展、企业生产经营景气情况、纳税人负担能力、国内税收环境、国际间税收竞争等。受到影响，就需要调整，表现出来就是税法的"多变"。7 年来，税法已经出现了很多变化，为了让本书更能帮助到广大读者，特作出修订。

本次修订，有几点需要说明：

第一，本次修订最大限度地保留了原版的主体内容。

第二，对与现行税收法规不符合的地方，作了修改和删除。

这些年里，一直有企业家求助于我，特别是一些税收历史问题。为了帮助企业和财税人员解决现实问题，在本次修订中，我增加了一个章节，即"第10章 化解'三大红线'税务风险"，讲到"两本账"、"虚开发票"、"公转私"如何解决，希望能够帮助到大家。

这些年来，我将主要精力放在财税培训和咨询方面，平日里十分忙碌，一年365天里，我坐飞机的次数可能突破200次。修订本书，都是利用碎片时间，比如在等人、候机、乘机、堵车时修订，手边缺少查证工具，加之时间仓促，可能还存在一些不尽如人意的地方，敬请各位读者朋友指正，以便下次修订时进一步完善。

读书是一件辛苦的事情，尤其读这种专业书，要学以致用，更是辛苦。为了让广大读者更好地理解和应用，我推出了"节税工程读书会"，亲自对图书内容的理解、应用进行深度解读，敬请读者朋友关注。

邱庆剑

2020 年 11 月 11 日

序言

33分钟，节税33亿

某年初冬的一个早晨，税务专家郑仪正在办公室里处理文件，某集团公司老板在郑仪一位朋友带领下，急匆匆地走了进来。

"不得了！税务局估算了一下，我可能要缴几十亿的税！郑老师，快给我想想办法！"老板开门见山地说。

"逃税？"郑仪说，"我可从来不帮人逃税的！"

"不是逃税，我是来请您想办法的啊！"老板说。

"你们做房地产，赚那么多钱，缴点税有啥嘛！"这可是郑仪的心里话。

"缴得心痛！"老板说。

真是贪得无厌！道德的血液哪去了？

事情是这样的，这个老板与另一个老板合资成立了一家房地产公司，在市区最繁华的商业地段建了一座大型商务中心，商务中心1/3面积出售，1/3面积划归这个老板（将来出租，不再出售），另1/3划归另一个老板（将来出租，不再出售）。

为了便于讲述，我们称"这个老板"的公司为A公司，"另一个老板"的公司为B公司，称房地产公司为C公司。商务中心共46层（含可出售的地下及附属设施），每层1.5万平方米，共69万平方米。土地是前期取得的，较为便宜，显著拉低了房屋成本。计算土地增值额的各类可扣除项目金额总计32.43亿元（含加计扣除），平均每平方米4 700元。销售均价为每平方米1.62万元，总售价111.78亿元。无论是对外销售，还是从C公司"划归"A公司和B公司，都属于销售行为，郑仪粗略估算了一下，几项主要的税款就高达49.84亿元（本案例是"营改增"之前案例，现改为增值税）：

（1）增值税：

"营改增"前老项目简易征收：111.78 亿元÷(1+5%)×5%=5.32 亿元

（2）城建税、教育附加费：

5.32 亿元×(7%+3%)=0.53 亿元

（3）土地增值税：

土地增值额为 111.78 亿元-32.43 亿元=79.35 亿元

土地增值率为 79.35 亿元÷32.43 亿元×100%=244.68%

土地增值额超过扣除项目金额 200%，则

土地增值税税额=增值额×60%-扣除项目金额×35%=79.35 亿元×60%-32.43 亿元×35%=36.26 亿元。

（4）所得税：

C 公司还有超出商业银行同期同类贷款利率的融资费用、非正常赔付和非正常损失等计算土地增值额时不能扣除的费用，郑仪计算了一下，如果房屋全部转让或过户到 A、B 公司，那么税前利润高达 30.93 亿元，所得税为

30.93 亿元×25%=7.73 亿元。

上述几项合计 49.84 亿元（未考虑契税、印花税等）。

"房子已经卖多少了？"郑仪问老板。

"对外的1/3，都已经卖完了，该划给我和合作方的还没有划，不敢划啊，一过户就得缴税！"老板说。

"已经卖了的，我就帮不了你了，帮你就是逃税了。"郑仪说。

"那还没卖的呢？还没卖的是大头啊！"老板说。

的确是大头，49.84亿元÷3×2＝33.23亿元！

"我可以帮你，但有一个条件。"郑仪说。

"什么条件？您只管说，能够当面向您这样的大师请教，是我的荣幸！"老板说。

"你这个问题太简单了，我帮了你，你不能对别人说是我帮的你，因为这个案子太没技术含量了！"郑仪说。

"简单？"老板瞪大了眼睛。

"内江外江，化整为零……遇湾裁角，逢正抽心……这个，我马上给你省33亿元税款！"郑仪说。

从老板进郑仪办公室，到郑仪把办法详细地写出来，不到33分钟。

那天晚上，朋友打来电话说："你太神了，怎么一下子省了33亿啊？我听你念叨'遇湾裁角，逢正抽心'，这不是都江堰治水原理吗？你到底使的什么高招啊？"

郑仪呵呵一笑："我使用的'节税工程'，就是根据都江堰治水原理创造来的！"

"节税工程？复杂不？"朋友问。

"很简单。"郑仪说，"我先给你讲一个故事吧。很久以前，一个乞丐讨饭的时候遭到一条狗的攻击，这令他惊惧不已，再次去讨饭的时候，他便捡了一个石块放在身上。然而不幸的是，这次他遭到了两条狗的攻击。他虽有一个石块防身，还是被狗咬了。下次讨饭的时候，他便揣了两个石块放在身上。可这次他遭到了三条狗的攻击。再次讨饭的时候，他索性揣了四个石块在身上，这次他恰恰遭到了群狗的攻击，因而仍然是被狗咬了。最后为了有效地对付狗的攻击，他不得不背着一篓子石块去讨饭。后来，有一次乞丐大着胆子放下石块，拿起棍子还击狗，结果令他大吃一惊，三下两下就能将狗打散，既可以打单狗，也可以打群狗。一根棍子胜过无数的石块啊！"

"这个故事和节税有什么关系呢？"朋友不解地问。

"在这之前，税务专家们创造了很多节税方法，相当于故事中打狗的'石头'，而节税工程呢，则相当于故事中打狗的'棍子'。我不过是借用了一根'棍子'罢了！

一根小小的棍子！节税工程很简单，也很好掌握，只要你看得懂都江堰的水利工程，就能够学会节税工程！今天这个案例，的确是太简单了，节税工程还可以用于更为复杂的案例中。"

读者看到这里，一定想知道 33 亿元税款是如何节省下来的吧？

这个答案，需要在了解了本书的节税方法之后，才能更深刻地理解。为此，我们把答案放在后面来讲（如果急于知道答案，请在本书第 1~9 章寻找）。

本书以通俗的形式，讲述了三个方面的内容：

第一，四川古时候水灾情况和李冰修建都江堰的过程。

第二，节税专家郑仪受都江堰启发创造"节税工程"的过程。

第三，节税工程的理论体系和方法体系，包括"内江外江，化整为零"、"大江小江，形式并存"、"鱼嘴劈江，四六分水"、"深淘低作，飞沙扬金"等。

节税工程理论体系和节税方法的确非常简单。都江堰一看就懂，节税工程一用就会。而且，这一方法非常有效，略施技巧，就可以让企业实现大幅度节税，甚至创造"一句话节税上千万"的奇迹。

当然，作为一种新的节税方法，需要节税行业的专家们共同来呵护、完善、发展和提高，使之更能为广大企业服务。本书的出版，除了希望能够帮助广大企业外，还希望能够起到抛砖引玉的作用。恳请各位专家指正和交流。

邱庆剑

2012 年 12 月 12 日

第 1 章

你的工作： 避税

1. 老板要求： 避税超亿元！

某年初春，经过猎头公司的推荐，郑仪到了 CF 公司工作，担任财务总监，年薪 80 万元。该公司是一家大型食品生产销售企业。

在食品行业做财务总监，这个薪水已经很可观了，郑仪心里美滋滋的。但是，不出三天，这种感觉就被恐惧替代了。CF 公司做了内外两套账，上年实际销售收入 36 亿元，这个数字反映在内账上，但报给税务部门的外账上只反映了6亿元收入，隐瞒收入高达30亿元，逃税超过1亿元。如此巨额逃税，作为财务负责人，郑仪面临着巨大的风险，弄不好要蹲监狱的！

郑仪了解了一下前几任财务总监的情况，在他之前，CF公司先后聘任过5位财务总监，但没有哪一位任期超过1年时间。

也许，这些前任们都是看到风险太高，不敢长久待下去吧，郑仪心里想。80万年薪，他舍不得，他决定找老板谈谈，让老板多缴点税。

"多缴点税?!"听了郑仪的建议，老板眼睛都瞪大了，"我现在每年缴税近2千万元了，我已经是我们县上缴税最多的企业了！不能再多缴了！"

郑仪进一步说公司税收风险很高，现在公司已经上规模了，已经完成原始积累了，犯不着再去冒这么大的风险。

"风险?"老板轻轻地哼了一声，显然对这位新来的财务总监颇为不满，"全中国这么多企业偷税漏税，怎么没看到几家企业被处罚呢？放心，我和税务局的领导是铁哥们儿，出不了事，就是出了，我也摆得平！"

郑仪心里清楚，企业真的出了大税案，就不可能摆平了，那些平日里称兄道弟的"铁哥们儿"，到时也会和你划清界线。

费了老半天工夫，老板坚持认为不能多缴税了，他说他辛辛苦苦赚的钱，怎么能平白无故地交给政府呢。他这种意识，在老板群中很普遍，很多老板压根儿就认为做生意不该缴税。

"郑总啊，我请你来，是让你帮我节约开支，包括节约税款开支，可不是让你来劝我多缴税的啊，你应该想方设法让我少缴税才对！"

话已至此，郑仪不好再坚持，人家是老板啊！

2. 退却，还是前进？

面临巨大的税务风险，郑仪想到过辞职，但 80 万年薪的确是不小的诱惑。

有没有一种两全之策呢？既能合法节税，又能安安稳稳地拿到 80 万年薪？

郑仪对纳税筹划相当熟悉,和一流专家相差无几。他把自己掌握的纳税筹划知识在脑子里过滤了一遍又一遍,然而,把所有的筹划手段都用上,也远远无法节税上亿元。也许是自己知识有限吧,他到书店里,把能够买到的纳税筹划图书都买了回来,一一钻研,然而,依然大失所望。

纵观专家们的筹划手段,有两大问题:要么节税额微乎其微,要么节税需要很多前提条件。

郑仪把自己的苦恼和老婆说了,老婆也是一名会计人员。

"看你那熊样,老板都不怕,你怕什么?要坐牢,他是第一个!"老婆说。看来,80万年薪对老婆也产生了不小的影响。

"他第一个,可我也不愿意是第二个啊。"

"拿人工资,替人做事,老板叫你偷税,你就得偷,这是你的工作啊!"

"可这是犯法的工作啊!"

"你想想办法,看有没有合法的节税手段啊,你向来都那么厉害的。"老婆一边说,一边还悠闲地涂着指甲油哩。

"我都琢磨遍了,现有的办法,没有一个帮得了我。"

"哦——"老婆转过头来,"现有办法不成,你就没想过创造一个办法来?改变历史的人,都是善于创造历史的。老公,你行的!"

创造一个办法?改变历史?郑仪眼前一亮:我郑仪就试着来改变一下节税历史!

3. 一段石碑

一连很多天,郑仪都想着创造节税方法的问题,连做梦都在想,但没想出个所以然来。

春天来了,成都平原上一派生机盎然的景象。看到万物复苏,而自己脑子里的创造却不见生根发芽,郑仪十分着急。

"看你一天到晚没精没神的,出去走走吧。"星期天上午,老婆跑到书房来,催郑仪出去走动一下。看他周末都埋在书堆里,老婆有些担心。

去哪里呢?

郑仪看看窗外,呀,阳光明媚,真该出去走走了。不管去哪里，出去就行。

他打算走得远一点，找一个安静的地方晒晒太阳，继续思考他的创造问题。于是，他开上车，出了城，朝着西南方向漫无目的地慢慢行驶。

行至一个小村边时，他被路边一块断碑吸引住了。自从打算以创造来改变节税历史以来，他特别留意象征着历史的碑啊古迹什么的。

他停下车，走过去。

那块碑上，字迹已不太清楚。但旁边有一块水泥做的矮一些的碑，上面清晰地刻着"成都平原史前遗址（宝墩）"。

宝墩遗址！郑仪激动不已。他似乎感觉到冥冥中有某种力量在帮助他。他对古蜀文明有较多的研究——那是他除税收研究之外的又一个兴趣领域，成都平原上一幕幕古老的场景浮现在他的脑海……

第 2 章

鱼凫： 古蜀梦想

1. 国王有个奇怪的名字

在成都温江区，有多处遗址表明，那里曾经有一个古蜀王国，国王叫鱼凫。

鱼凫？多么奇怪的名字！一个帝王啊，怎么叫一个鸟名？鱼凫，又称鱼鹰，学名"鸬鹚"。这种鸟可以在水中快速游泳，快到能够抓住水里的鱼；它又有双翅，可以在天空中飞翔。多么幸运的一种鸟啊！一直以来，郑仪都怀疑古蜀国那个国王本名并不叫鱼凫。鱼凫,只是古蜀人的一种梦想。因为成都平原多水患,有"泽国"、"赤盆"之称,人们梦想像鸟一样在天上飞,像鱼一样在水里游,从而得以生存。

看着石碑,郑仪脑海中首先浮现的,是夹杂着树枝、枯草和泥石的浑浊的洪水汹涌着扑向成都平原。随着巨大洪浪而来的,有冲散的茅屋,有淹死的动物,也有淹死的人……洪水是掠夺者,杂物和尸体是被掠夺者,被掠夺者被掠夺后,也成了帮凶,扑向新的被掠夺者。它们所向披靡,树木被连根拔起,野草被泥沙掩埋,动物和人被浪涛吞没,绿色的平原转瞬间失去了生命的迹象。

这样的掠夺,每年可能会有好几次。在春夏之交,高山积雪融化,雪水汇成山洪,汇入岷江,冲刷而下;在每年多雨的夏天,每一次暴雨,都吹响洪水冲锋的号角;而细雨绵绵的秋天,洪水也时时发威。美丽的成都平原啊,她湿润的气候滋养万物,但她却无力保护这些生命,每两轮掠夺之间,就是一次生命的轮回,没有谁能够长久地休养生息。

如果能够像鱼一样游泳,如果能够像鸟一样飞翔,就不怕这洪水了。鱼凫，这并不算美丽的鸟儿，却受到每一个古蜀人羡慕，每一个古蜀人，都渴望自己变成一只鱼凫。

最强大的国王诞生后，因为他战无不胜，人们相信，他就是鱼凫转世，于是，叫他鱼凫王。久而久之，连国王都忘记了自己的真实名字。那时，还没有姓氏，更不会有家谱。但是，他们一定有来历……

2. 从山上下来

大约5600年前，当仰韶文化和大汶口文化灿烂辉煌时，今四川茂县境内，也生活着一群拥有灿烂文化的先祖，他们的文化被后人称为营盘山文化。

他们在高寒的山区坚守着、繁衍着，但他们也渴望改变自己的生存环境。

展现在郑仪脑海的又一幅古老场景是：

一个美丽的春天，古蜀人的一个分支，扛着石斧、石锛、石矛、骨箭等工具和武器，顺着后来被称作岷江的河流向下游走，打算寻找一个更适合生活的地方。

他们的先祖是蚕丛。商朝时期，蚕丛不屈服商朝人的迫害，起兵反抗，但因弱不胜强，蚕丛战死岷山。蚕丛死后，他的臣民分成了两个派别：一派以老年人居多，他们主张继续在原来的地方生活下去，因为祖先们都埋在地下，那是他们的土地他们的根，生不离死不弃；另一派则以年轻人居多，他们认为人挪活树挪死，他们相信世界上还有比家乡更美丽更温暖的地方，这样的地方在太阳升起的方向。两派人谁也说服不了谁，最后，年轻人一派开始了他们的迁徙之旅。这支队伍的领头人叫柏灌（都江堰原叫灌县，得名应该和他有关），是蚕丛之后的又一位蜀王。

旅途是艰难的，他们不知道目的地在哪里，只知道向东走。没有道路，到处都是密布的树木、藤蔓和杂草，是随时可能跳出来吃掉他们的凶猛野兽。他们只有顺着河流前进，才稍微能够通行。

他们一路上披荆斩棘，捕鱼打猎，一次次遭遇猛兽，有人被猛兽吃掉，有人掉进了湍急的江中，有人摔下了悬崖。但他们没有退却，美好的生活环境激励着他们。

队伍行进非常缓慢，有时一天也走不了几里路，有时更是好几天也寸步难行。由春而夏，再由夏而秋，他们几乎绝望了。在一个黑夜，他们在江边驻扎下来，几个头人商量着下一步该怎么办。商量的结论是：再往前走三天，如果还是这样的山林，则就地扎根，不再迁徙。

在江涛声、山风和野兽的怪啸中度过一个恐怖的夜晚后，天刚蒙蒙亮，人们就起来了。

"山口！山口！"

人们正忙碌着准备早餐时，在江边汲水的一个男人忽然大叫起来，指着江水的下游。

人们顺着他的手指向前望去，哇，果然到了山口！河道在那里变宽，江水在那里变缓，盈盈绿波铺展在平地上——不，是平原，一望无际的平坝子！

人们欢呼起来，跳跃起来！他们可从来没见过如此宽阔如此平坦的坝子啊！

他们看到的，就是川西平原。他们习惯于称平坦的地方为坝子，川西坝子从那时起便得名了，直到今天。

走出山口的蜀人并没有远离岷山，因为他们时刻没有忘记复国的梦。然而，在柏灌的带领下，经过一年又一年的征战，他们始终不能摆脱商朝人的迫害，于是，他们放弃了复国梦，深入四川盆地，去寻找更美好的家园。

3. 宝墩，奔走求生的先民

　　从山上下来的先民，拉开了被后人称为"宝墩文化"的序幕。这时，时间大约是4500年前。

　　成都平原物产丰富，气候温润，按理说，应该很适合人类文明的发展。然而，宝墩文化800年，人们却始终扛着石锄、石锛、石铲劳动，没有明显的进步。而在同纬度的美索不达米亚平原和古埃及，国家和青铜已经出现，在我国中原地区代表着后人称为"龙山文化"的先民们，也用上了锋利的铜器。

　　这是怎么回事呢？

　　原来，是水灾拖了人类文明进步的后腿。年年泛滥若干次的水灾，每次都给人们带来灭顶之灾，文明被一次又一次毁灭，幸存的人们不得不四处迁徙，寻找可以躲避水灾的地方，或者逃到生存条件极其恶劣的高山上去。

　　宝墩，奔走的文明。

　　宝墩，奔走求生的先民。

宝墩，一段无法传承的历史。

800年里，先民们在很多地方住过，考古学家发现的较大的古城就有6个：宝墩古城，城墙内60万平方米；鱼凫古城，城墙内40万平方米；郫县古城，城墙内31万平方米；紫竹古城，城墙内20万平方米；芒城和下芒城，城墙内各10万平方米。

鱼凫王国就诞生于这一时期。深受水灾之害的先民们，渴望自己能够像鱼一样游泳，像鸟儿一样飞翔。成都平原先民的政治文化中心，由今天成都新津县的宝墩，转移到了今天成都温江区的万春镇鱼凫村。

好在成都平原够大，先民们总有可以迁徙的地方。

4. 杜鹃啼血

事实上，鱼凫王并不是最强大的，他虽有鱼凫之名，却并没有实现水里游天上飞的梦想。

此时，杜宇部落迅速崛起。

那时的四川，还不是天府之国。成都平原，也还称不上物产丰富。相反，一次次洪水的掠夺，反倒让这里生活资源极其贫乏。

人与自然存在矛盾，人与人之间因为生活资源问题也存在尖锐的矛盾。杜宇部落向鱼凫王部落发起了进攻，看起来强大的鱼凫王国土崩瓦解。那一场天昏地暗的战争持续了不到一个月时间，鱼凫王身边最后只剩下了极少一部分誓死保卫他的人。当他带领这些人来到一个叫"湔山"的地方（今都江堰玉垒山），他突然悟道成仙，驾彩云而去。后人因此有了"鱼凫化神"的传说。

杜宇的胜利，致使宝墩文化的政治文化中心又一次转移到了今天成都西边的郫县。杜宇被称为望帝，在郫县，至今还保留着许多望帝的遗迹。

杜宇最大的功绩，是教育民众务农。在他统治期间，发生了一件奇异的事情：一具尸体从长江下游逆流而上，到成都平原上复活，他就是鳖灵。因为他后来建立了开明的王朝，于是后人用"开明复活"来概括这段历史。当然，复活只是传说，事实上应该是这个人潜入成都平原，一直没被发现，人们知道他时，感觉很突然，于是认为他是复活来的。

鳖灵因为治水有功，被杜宇任命为高官，相当于宰相。

鳖灵的老婆很漂亮。鳖灵外出治水期间，杜宇把他的老婆给抢了。夺人之妻，这还了得？鳖灵因此发动了反杜宇的战争。杜宇被杀了，但他死后仍然记挂着农务，于是化作一只杜鹃，以啼叫来提醒人们耕种，因为天天不停地啼叫，嘴巴都出血了。

5. 三星堆，安身立命的黄土堆

当成都平原进入青铜器时代时，政治文化中心已经转移到现在的广汉南兴镇。那里有三座突兀而起的黄土堆，后人称之为三星堆。

从出土的文物看，三星堆有可能是鱼凫王国的诸多都城之一。先民们为什么选择这里作为都城？恐怕还是看中了那三个黄土堆。周边是肥沃的土地，可种粮食，可养鱼虾，洪水来时，黄土堆被淹的几率小。

靠三个黄土堆安身立命，足见当时强大的王国其实是多么脆弱。

6. 金沙遗梦

斗转星移，时间很快到了 3000 多年前，三星堆文化接近尾声时，政治文化中心再一次发生转移，三星古城衰落，金沙古城兴起。金沙古城在今天成都西边的金沙村，离三星堆约 50 公里。

成都共有两个古遗址：金沙和十二桥，两地相距不过几公里。两地应该是差不多同时兴起的。

成都平原多水患，而平原周边多地震。相比之下，水比地震似乎要温柔些：洪水来了，水性好的还有逃生的可能，而地震天崩地裂，再强大的人也无能为力。在两大灾面前，先民们选择了远离地震。

这一选择是对的。数千年来，成都平原周边一直处于震动状态，而平原上却安然无恙。美丽的成都平原，就像一个放在水中的盆子，只要不侧翻，摇摇没问题。

然而，水怎么办呢？

洪水汹涌而来，哪怕挟带而来的每一粒泥沙都是金子，又有什么意义呢？金沙古城，最终被金沙淹没。

7. 巴人引火烧身

相比于蜀人的东奔西跑躲水患，文明一次又一次被淹没，巴人就要幸运得多。巴人住在川东和重庆一带，从商周时期一路走来，他们的历史是连续的，文明发展不曾被斩断。他们的历史，在大约4000年前至秦惠王时期的公元前316年，他们的都城在江州，是今天的重庆渝中区。

川东和重庆，以山为主，水淹不着，世世代代生生不息，巴文化辉煌灿烂。巴国的字面意思是"大蛇国"，这个"巴"字是象形字，形状就是一条大蛇。但巴国并不像蛇一样冷血和残酷，相反，这个民族充满着浪漫情调，"比翼齐飞"这个成语就来自这个民族。《韩诗外传》卷五载："南方有鸟，名曰初，比翼而飞，不相得不能举。"

浪漫的基础来自安居乐业，当一个民族生存都成问题时，何来浪漫呢？成都平原在古蜀时期，几乎没有什么可圈可点的浪漫事件。

强大的民族，总充溢着扩张的欲望。巴国一直想占有蜀国的土地，但自己能力又有限。于是，他们请求秦惠王出兵攻打蜀国。公元前316年，秦惠王派张仪、司马错率军南下，一举灭了蜀国。公元前311年，张仪建成都、郫城、临邛三城，成都作为一个城市的历史得以开启。

秦惠王可不是省油的灯，他凭什么听你巴国的。他不仅要灭蜀，还要灭巴。张仪大军灭了蜀国后，顺便就把巴国也消灭了。

巴人真是引火烧身啊！

然而，从历史进步来说，这却是一件大好事。无论是蜀国还是巴国，这之前，都没有能够融入汉文化这一大文化圈中。秦惠王灭蜀国和巴国后，设巴、蜀、汉中三郡，统一管理，巴蜀文化得以融入到汉文化圈，成为中华文明的重要组成部分。更幸运的是，因为秦的统一，李冰才得以以太守身份，入主四川，修建都江堰。

当修建都江堰的盛大场面展现在郑仪脑海时，他激动得跳了起来："改变历史！李冰就是改变四川历史的人啊！"

是的，李冰改变了四川的历史。都江堰的修建，治服了成都平原的水患,让成都平原有两千多年不间断的文明史,让成都平原上的人们不再东奔西走逃避水患,让四川成为了天府之国,成为了最浪漫的温柔乡,成为了全国人民向往的地方!

第 3 章
都江堰

1. 拜水都江堰

在李冰之前，成都平原不乏人才，他们战天斗地斗洪水，积累了大量的实战经验，并且不断在治理水患，也在多个局部取得了一定成就。但彻底消除水患的，却只有李冰的都江堰。

都江堰是创造性的，前所未有的。

想到这里，郑仪激动不已。

在郑仪生活的当今社会，已经有许许多多的纳税筹划专家，他们通过各种努力，已经取得了很多成就。然而，能解决类似于郑仪老板要求的那种隐瞒数十亿元销售收入、节税上亿元的筹划方法，却没有诞生。

郑仪相信两千多年前的李冰能够帮助他。都江堰改变了四川文明发展史，他郑仪能不能改变企业节税史呢？

"问道青城山，拜水都江堰。"余秋雨的文章，郑仪读过一点点，感觉不错，最值得称道的就是这两句话，对仗工整，也点到了关键。

第二天一早，郑仪就驱车前往都江堰拜水去了。

2."太"不能"守"

"少不入川"是四川建好都江堰之后的说法了，因为天府之国山清水秀人也秀，年轻人来了容易沉溺于温柔乡，不务正业。

但在李冰来四川之际，人们的告诫是："终生不入川"。四川连年水灾，如果你不能水里游天上飞，入川就面临着丢掉小命的风险。

公元前256年,李冰被任命为蜀郡太守。消息一出,同僚们都为之惋惜。

"那鸟都找不到窝的地方,你能'太'却不能'守'啊!"有人嘲笑他。

"李大人,你是得罪了陛下吧?不然怎么叫你去那么一个鬼比人多的地方?"有人不解地问。

"老李,到那边了,多造大船啊,有备无患。"有哥们儿为他出点子。

打架离不开亲兄弟,上阵离不了父子兵。这是四川的一句俗语,大概就是从李冰那时出现的吧。李冰没顾虑那么多,再说皇命难违,他卷起铺盖,带上儿子二郎,走马上任去了。

一路上,李冰还在回味秦昭王的一句话:"四川最大的问题是水灾,把水灾了了,就一了百了了。"李冰已经查阅过大量文献,证实了秦昭王的观点。

这水灾,如何去了呢?

3. 灵感来自哪里

从成都到都江堰，走高速路就半个小时的车程。郑仪到达都江堰时，赶早市的菜贩们都还没有下班。

郑仪已经来过这里多次了，但每次都是走马观花。他不是一个乐山乐水的人，不爱旅游，也从来不喜欢仔细地观赏风景。但这次，目的和以往不同，他要仔仔细细看看清楚。郑仪把车停在停车场，然后步行上山，直奔他认为观看都江堰工程的最佳地点——玉垒山。

当他爬上玉垒山时，整个都江堰水利工程尽收眼底。

两千多年前，岷江从海拔数千米的地方冲下来，冲过宝墩文化第一批先民当时看到的"山口"后，来到海拔不足 750 米的地方，失去了山峰的束缚，立即撒起野来，像一条狂暴的巨龙，肆无忌惮地吞噬着平原上的生命，也像一个巨人的大巴掌，在平原上轻轻一抹，绿色的平原就满目疮痍。

是李冰，缚住了巨龙；是李冰，驯服了巨人。

看着静卧两千多年的分水堤,看着岷江水在鱼嘴处乖乖地分流,郑仪感叹之余,不禁自问:"李冰的灵感来自哪里呢?他为什么要选择这个位置建水利工程呢?他如何想到把岷江一分为二的呢?"

大禹的父亲鲧的治水策略是"堵",走的是"水来土掩,兵来将挡"的路线,修堤坝把水拦住。无奈水太狂野,怎么拦也拦不住,鲧治水失败了。但他不甘心,他从天上偷来一种叫"息壤"的泥土,这种泥土可以自行生长,你水越多,它就长得越高,但息壤还没派上用场,天帝就发怒了,把鲧给处死了。鲧临死前,嘱咐儿子,一定要治理好洪水。

大禹的治水策略是"导",治水顺水性,四两拨千斤。你这条狂野的水龙不是想向前冲吗?我让你冲得更快一些。大禹带领人们拓宽河道,改造弯道,把水龙更快速地送入大海。

李冰的治水策略,既不是"堵",也不是"导",而是"分",把一条巨大的水龙一刀劈为两半。

"李冰啊,快告诉我吧,我该如何为老板节税啊?"郑仪蹲在山顶,任晨风吹乱自己的头发,一遍一遍念叨着李冰的名字。

4. 都江堰

都江堰始建于公元前256年左右,距今已有2200多年的悠久历史。

都江堰水利工程包括鱼嘴、飞沙堰和宝瓶口三个主要组成部分。

鱼嘴是在岷江江心修筑的分水堤坝,形似大鱼卧伏江中,它把岷江分为内江和外江,内江用于灌溉,外江用于排洪。神奇的是,枯水期,鱼嘴自动将岷江60%的水引入内江,40%的水排入外江;洪水期,又自动将60%的水排入外江,40%的水引入内江。

飞沙堰是在分水堤坝中后段修建的泄洪道。都江堰建于岷江弯道处,江水流至都江堰,含沙量少的表层水流向凹岸,含沙量大的底层水流向凸岸,在凸岸顶托下,洪水冲下来的沙石大部分从外江排走。进入内江的少部分沙石,利用伸向江心的虎头岩的支引、宝瓶口的节制和"离堆"

的顶托，将大部分沙石从飞沙堰、人字堤旁的溢洪道排入外江，使宝瓶口引水口和灌区干流免遭泥沙淤塞。

宝瓶口是内江的进水口，形似瓶颈，除了引水，还控制进水流量，既保证了灌溉用水，又防止了过量洪水涌入内江灌区，造成灾害。都江堰能自动调节进入灌区的水量，使成都平原"水旱从人"，成为天府粮仓。

世界古老的著名水利工程中，古巴比伦王国建于幼发拉底河上的纳尔—汉谟拉比渠和古罗马的人工渠道都早已荒废，只有都江堰独步千古，永续利用，长盛不衰。截至1998年，灌溉面积达到66.87万公顷，同时，为四川50多个大、中城市和数百家工矿企业提供了工业和生活用水，成为世界上最佳水资源利用的典范。

伟大的都江堰啊，我如何才能从你身上获取灵感呢？玉垒山上，郑仪长长地叹息……

郑仪的母亲是一个喜欢讲民间故事的人。郑仪很小的时候，就天天听着母亲讲述望娘滩的凄婉故事：穷家孩子聂龙割草时，拾得一颗宝珠，这颗宝珠放进米缸米满，放进钱袋钱满，他和母亲用这些米和钱接济乡民。地主恶霸知道了，带人来抢夺宝珠，聂龙不给，一口把宝珠吞进了肚里。吞下宝珠后，聂龙变得干渴难当，只好趴在岷江边上不停地喝水。母亲把他的脚抓住，不让他掉下去。在喝水过程中，聂龙变成了一条龙，只有母亲抓着的一只脚没有变成龙爪。龙必须生活在水里，聂龙不得不泣别母亲。在狂风暴雨中，聂龙一呼一声雷，一望一个滩，留下二十四个望娘滩。

郑仪出生在四川中江县山区，那里有一条宽大的被称作"人民渠"的水渠绕山而过。小时候，枯水季节，郑仪和伙伴们打着赤脚，在渠里飞奔；丰水季节，他和伙伴们光着屁股在渠里游泳，他们被湍急的渠水冲得飞速前进，不时被巨浪淹没。

那时，郑仪就知道望娘滩在都江堰，知道"人民渠"里的水来自都江堰。也是从那时起，他对都江堰产生了无限的神往，但第一次目睹都江堰的风采，却在二十多岁，到成都之后。

第 4 章
节税工程的诞生

1. 堵不住，导不了

公元前 256 年初春，寒意未退，李冰父子就到了四川。

春雪融化，眼看又一轮洪灾就要来临。李冰一刻也不敢耽搁，当天晚上，就召集当地有名望的人来商议治水策略。

"在山口修一道大堤，把岷江拦住，然后有计划地放水。"有一位长期参与治水的工程师说。

在场很多人附和他的观点。

他说的，是大禹父亲鲧的策略：堵。

如果拦得住，高峡出平湖，不仅实用，而且壮美。但哪里拦得住呢？那时可还没有发明钢筋水泥啊。那时修堤坝，用的是石灰浆。

"我的观点是，"又一位长期参与治水的工程师站起来说，"在坝子上挖若干条河流，把水引出盆地。"

依然有很多人附和他的观点。

"依我之见，水为龙王所管辖，我们应该加倍向龙王敬献童男童女！"这时，站起来的一个人，可不是一般的人物，他是华阳侯的特别代表。华阳侯是谁？秦王的亲戚。华阳侯根本没把李冰放在眼里，李冰召集的会议，他不可能亲自来，但他的代表也一言九鼎。

华阳侯代表话语一出，大家都沉默了。年年水患，人口本来就少，加倍牺牲童男童女，不是雪上加霜吗？

事实上，李冰清楚，这三种观点都没有可行性。岷江发源于海拔数千米的高山，倾泻于海拔 700 余米的平原，如此大的落差，怎么可能拦得住。疏导虽然是大禹的成功经验，但四川是一个盆地，凿再多的河道，最后还是得汇到一个出口出去，引导之法并不能从根本上解决问题。何况，开明王鳖灵开凿的引水渠已经够多了。至于孝敬龙王，那完全是无稽之谈。

但李冰没有当场否定三位的观点。初来乍到，应该低调。何况，在没有调查研究之前就否定别人，不是他一向的处事风格。

第二天，李冰父子带领众人，沿着江水而上，进行实地考察，现场论证堵与导的可行性。

两千多年后的郑仪，蹲在玉垒山上，仿佛看到了一支考察的队伍，穿着秦时的衣装，蹒跚在江边……

堵不住，导不了。

郑仪所在的企业呢？那么大的规模，生产基地明明白白地摆在那里，藏不住；多大的规模应该有多大的产值，也藏不住。藏不住，税就偷不了。

堵不住，导不了；藏不住，偷不了……郑仪不停地念叨着这句话。

2. 在最关键的地方下手

李冰父子，带领一群幕僚，溯流而上，一路察看着开明王时期的引水工程。

开明王时期的引水渠，有一个明显的问题：渠首都选在平原上，是哪里有水灾，就在哪里开渠引水。这种方法是治标不治本的，而且时间一长，泥沙淤积，水渠就得重新淘挖。

经过多日的步行考察，某一天，一行人来到了玉垒山（当时叫"湔山"，鱼凫王成仙处），那里已经是成都平原冲积扇的顶部。岷江泥沙冲积，造就了成都平原，同时，也给成都平原带来了无尽的水患。

望着从巍巍群山中奔腾而出的岷江水，众人又议论开了。

"这条巨龙，哪里拦得住？"有人说，开始否定"堵"的策略。

"拦得住一时，拦不了长久啊！"又有人说。因为水太多，拦不了多久，就注定决堤而下。

"倾全国财力，也修不了那么高那么结实的堤坝啊！"还有人在说。

"开若干条水渠，把水引到山外去。"有人说。

"这都是坚硬的石头山，凿不开啊！"有人叹息，"再说，引到何处是尽头呢？"

"看来，只有求助于龙王爷啦！"又有人叹息。

"龙王爷？你们谁真正见过龙王爷了？千百年来，我们烧的香进的贡还少吗？龙王爷要是有能耐，早帮我们解决问题了。"这个说话的人，显然是早期无神论者。

众人议论时，李冰一直沉默着，他抬起头，凝视着江水的上游。

这里是岷江进入成都平原的第一关，如果能够在这里将江水制服，岂不是一了百了了？就在这时，李冰心头一亮：天助我也！岷江在这里恰好有一个弯道，这个弯道大大减缓了水流的速度，正是制服它的着力点啊！

李冰把自己的想法告诉了随行的人，大家讨论一番，都觉得这里是最佳的治水点。但是，怎么治，大家莫衷一是。

两千多年的历史证明，李冰当时的选点是完全正确的。

……郑仪离开玉垒山，沿着水泥路，向怀古亭方向前进，一边走，一边思考着。

企业的经营流程，不也是一条河流吗？治水找最关键的地方，治税也要找最关键的地方啊。郑仪思考着何处是企业治税的关键，思来想去，应该是"税负高点"。

郑仪知道，企业的税负，不是财务人员算出来的，而是在经营过程中形成的；企业的税负不只是在销售环节形成的，而是在多个环节形成的。在这些环节当中，有的地方形成得多，是"税负高点"；有的地方形成得少，是"税负低点"。

粗略地说，企业经营是"采购—生产—销售—再采购……"（图4-1）这样一个周而复始的流程。最常见的税负高点常常出现在采购环节，对一般纳税人企业来说，如果进项发票取得不足，采购就会成为税负高点。采购、生产、销售三大环节中，又可以分为若干个小环节，这些小环节的税务高低也不一样。

在税负最高点下手！郑仪兴奋地对自己说。

采购 → 生产 → 销售

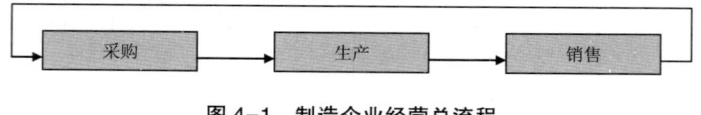

图 4-1　制造企业经营总流程

关于寻找税负高点的方法，在《避税：无限接近但不逾越》一书中有详细的介绍，那就是节税责任分解，层层落实。比如某个月要节税 100 万元，把这 100 万元落实下去，节税潜力最大的地方，自然就是税负高点。

3. 捕鱼的灵感：分水

李冰父子等一行人在湔山附近住了下来，他发誓，不找到治水方法，决不回府。

一连多日，李冰都闷闷不乐。

为了寻找治水灵感，他常常穿着便装，一个人漫步在岷江边上。他们驻扎的地方，离岷江有大约一公里路，要穿过一片庄稼地。因为年年水患，庄稼地里沟壑纵横，鱼虾成群。在小河沟里捕鱼，比在岷江捕鱼容易多了。虽然鱼小一些，但安全可靠。每天，李冰都能看到捕鱼的人。

捕鱼的方法，一是用网捕，二是用一种叫"虾箕"（也称"鱼罩"）的竹笼捞，三是把小河上下游拦起来，然后把中间一段的水疏干。

这一天，李冰发现几个农民在小河里捕鱼的方式很特别。他们既不用网，不用虾箕，也不把河拦起来，而是在河心垒一段石墙，让大部分水流走，让少部分水流进一个狭长的水道，在狭长水道的尽头，他们放一个竹笼，鱼儿顺流而去，乖乖地就进了笼子。图4-2所示就是李冰看到的捕鱼示意图，两条粗黑线表示河岸，河床中间不规则的多边形表示石块，箭头表示水流方向。

"你们一天能捕多少鱼？"李冰问。

"上百斤吧。"一个农民回答道。

"很辛苦吧？"李冰又问。

"不辛苦，把石块垒好，就只管不定时提起竹笼抓鱼就行了。"

"为什么不把河水拦起来呢？"李冰问。

"拦不住啊，水太多了，一会儿就溢出来了。"

拦不住！农民不经意的三个字，重重地敲击在李冰的

鱼笼

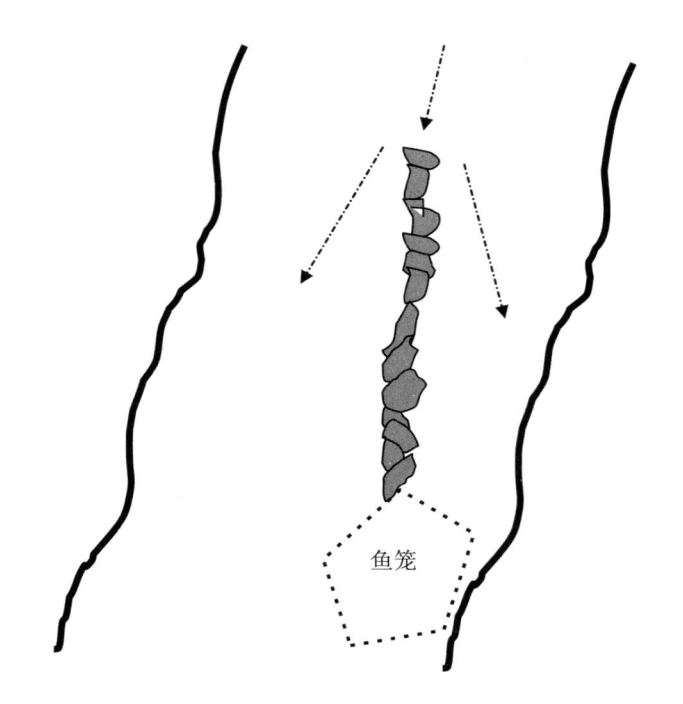

图 4-2　渔民捕鱼示意图

脑中。岷江也是拦不住的，何不借用一下他们捕鱼的方法呢？这叫什么方法来着？叫……叫"分"——"中流作堰，分水而治"！

李冰心头豁然开朗！他已经顾不得太守形象了，一路飞跑穿过庄稼地，往临时驻扎地而去。

到了驻地，李冰一头扎进临时书房，挥笔画下农民捕鱼的草图，一边画，一边嘴里念叨着：强大狂放的岷江啊，我要把你一劈两半，看你还如何张狂！他把农夫垒的石墙称为"分水堤"。

分水而治的思想从此诞生。两千多年后，一位名叫余秋雨的文人，得以用华美的语句描绘李冰的成果：

……忽然，天地间开始有些异常，一种隐隐然的骚动，一种还不太响却一定是非常响的声音，充斥周际。如地震前兆，如海啸将临，如山崩即至，浑身起一种莫名的紧张，又紧张得急于趋附。不知是自己走去的还是被它吸去的，终于陡然一惊，我已站在伏龙观前，眼前，急流浩荡，大地震颤。

即便是站在海边礁石上，也没有像这里强烈地领受到水的魅力。海水是雍容大度的聚会，聚会得太多太深，茫茫一片，让人忘记它是切切实实的水，可掬可捧的水。这里的水却不同，要说多也不算太多，但股股叠叠都精神焕发，合在一起比赛着飞奔的力量，踊跃着喧嚣的生命。这种比赛又极有规矩，奔着奔着，遇到江心的分水堤，刷地一下裁割为二，直窜出去，两股水分别撞到了一道坚坝,立即乖乖地转身改向,再在另一道坚坝上撞一下,于是又根据筑坝者的指令来一番调整……也许水流对自己的驯顺有点恼怒了,突然撒起野来,猛地翻卷咆哮,但越是这样越是显现出一种更壮丽的驯顺。已经咆哮到让人心魄俱夺,也没有一滴水溅错了方位。阴气森森间,延续着一场千年的收伏战。水在这里吃够了苦头也出足了风头,就像一场千年的收伏战。就像一大拨翻越各种障碍的马拉松健儿,把最强悍的生命付之于规整,付之于企盼,付之于众目睽睽。

同样是两千多年后,身为财务总监的郑仪,望着鱼嘴沉思着。

既然可以分江而治水患,为什么不可以分企治税呢?对!把一个企业分为两个企业,甚至多个企业!历史不能重演,人的激动心情却如同复印一样重复着。两千多年前李冰挥毫画图,两千多年后,郑仪掏出包里的笔记本和笔,写了几个苍劲有力的大字:"分企治税"。

分企如何能够实现治税呢?郑仪再度陷入沉思。流转税和所得税两大主税的基数，是企业的产能，分企达到调节产能的目的，也就调节了税收。想到这里，他又加了几个字，从而有了下面一句话：

"分企治税，调节产能"。

4. 一大一小两条江

李冰画好草图，召来幕僚商议。

看了草图，大多数人选择了沉默，他们看不出这个草图好在哪里，但又不想得罪新来的太守。

唯有华阳侯的代表，高声嘲笑："仿效村野农夫，我看李大人真是笨到家了！"

有了一个人的声音，自然就会引出多个人的声音。

"劈开岷江，违背自然规律，怕要遭天遣吧？"有人说。

"这必然破坏风水，破坏龙脉！"还有人说。

李冰静静地等大家说完后，平静地说："各位的意见都非常好，但我还是请各位回去思考一下我的建议。"

李冰不怨谁，人们之所以不理解，怪不得他们，只怪自己的方案太粗糙，不具备说服力。

众人离去，李冰再次陷入思考当中。他要完善自己的方案。

农民劈开小河的目的是什么？是为了把水引进鱼笼，进而把顺水而来的鱼抓住。他注意到，在农民垒起石墙后，河流并不是均匀地被分为两条，而是一大一小两条，小的那条，一直小到鱼笼的口子那么大。

我们治水的目的，不是要把水堵死，或者全部赶跑，水是患，也是宝啊！李冰心里想着，我们应该把岷江分为一大一小两条江，不要的水从大江放走，需要的水从小江引过来。

如何让其中一条变小呢？

李冰凝视着自己画的农民捕鱼草图。

有了！那个竹编的鱼笼，不正像一只宝瓶吗？我们也安放一个宝瓶！

李冰立即铺开地形图，细细地观看着，看哪里可以安放宝瓶。岷江弯弯地过来，又弯弯地远去，哪里合适呢？当他的手指触到湔山突向江心的山头时，想到了办法，并叫出声来："把湔山切开！江水一旦进了宝瓶口，就是我们可以利用的宝贵水源啦!"

此时,已经是深夜,儿子二郎已经入睡,但他还是忍不住把他叫醒,一起来商量安放宝瓶的事情。

"切开湔山,的确可以形成一个瓶口,但是,"二郎发表自己的看法,"江水如此湍急,天长日久,宝瓶难免被冲坏。"

李冰点点头,这的确是一个问题。

父子俩对着地形图,继续仔细地研究起来。

"父亲,您看,我们把您规划的分水堤建在弯道处,江水本来已经变缓了,遇到分水堤,速度会再放缓一点,到这里,您看,"二郎指着湔山前面不远处突出的像虎头的岩石,"这个岩石可以把水向相反的方向挡一下,水流继续变缓,如此经过三道变缓后,水的野性就大大降低了!"

"不错!不错!"李冰赞赏地看着儿子,"这虎头般的岩石,我们就称它为虎头岩吧!我们要保留它,还要加固它!"

"还有一个问题,"二郎又说,"在洪水季节,如果右边这条江里水量过多时,宝瓶口必然漫溢,形成水灾。"

"漫溢……漫溢……"李冰一边点头,一边重复着儿子的话。忽然，他想到了办法："水满则溢，这是水的本性，治水须顺水性，我们就让它溢吧！但是，我们不能让它乱溢，得让它按我们的要求溢！"

李冰说着，铺开自己最初的草图，手指按在了"分水堤"的中后腰上说："在这里，我们给它们准备一个不高不低的堤堰，右边江中水位高时，就从这里溢出，水位低时，就进入宝瓶口！这道堤堰可以起到三大作用：泄洪、排沙和调节水量！我们给他一个名字吧！"

二郎听着父亲的话，脑中出现这么一幅场景：金色的河沙，从父亲说的堤堰处飞扬出去，就像是农民扬场时，麦絮飞出去一样。

"叫它飞沙堰吧！"二郎说。

"好！很形象的名字！"李冰边画边说，"但我们还得有一个排沙的出口，当水位低时，飞沙堰起不到排沙的作用。"

"这不是现成的吗？"二郎指着分水堤的尾巴处，"您画的分水堤和江岸之间并没有合拢，还有一条小小的河道，您看，您画得像个'人'字，我们就叫它'人字堤'。"

紧挨"人字堤"的"溢洪道"，就是当时二郎说的"小小的河道"。

"父亲，您的分水堤可否再往上游移一点？"二郎问。

"为什么？"李冰反问道。

"上游不远处江中，有三个天然的河滩，不正好可以利用吗？有了它们，可能减轻施工难度。"二郎说。

"我也曾经这么想，"李冰说，"但是，三个河滩排列不规则，不利于分水，要调整难度又大，千百年来它们都没被冲垮，我们又如何动得了它们？我们在下游建分水堤，正好利用它们作天然的屏障，挡一挡江水，让江水变缓，减轻对分水堤的冲击力度。"

三个河滩现称"河心滩"，如图4-3实景图和图4-4示意图所示。

二郎想了想，表示赞同。

李冰铺开宣纸，重新绘制他心中的水利工程。至此，都江堰水利工程总思路出来了。因为紧靠湔山，二郎建议把这项工程称为"湔堰"。

"这里的人们以氐羌人为主，他们称'堰'为'堋'，我们入乡随俗吧，称为'湔堋'！"

父子俩高兴得手舞足蹈。

图 4-3　都江堰实景图

两千多年后,也有一个人在这里手舞蹈,他就是郑仪。

分企治税,不是简单地把一个企业分为两个或多个企业,而是分为不同大小的企业。大小是什么意思呢?一是资产规模大小,二是不同的企业组织形式,比如一般纳税人和小规模纳税人,有限责任公司和个体经营户。

不同规模、不同组织形式的企业,其税负是不一样的,彼此存在落差——称之为"税负落差"吧。想到这里,郑仪渐渐觉得找到一定的思路了。

他掏出笔记本,写下八个苍劲有力的大字:

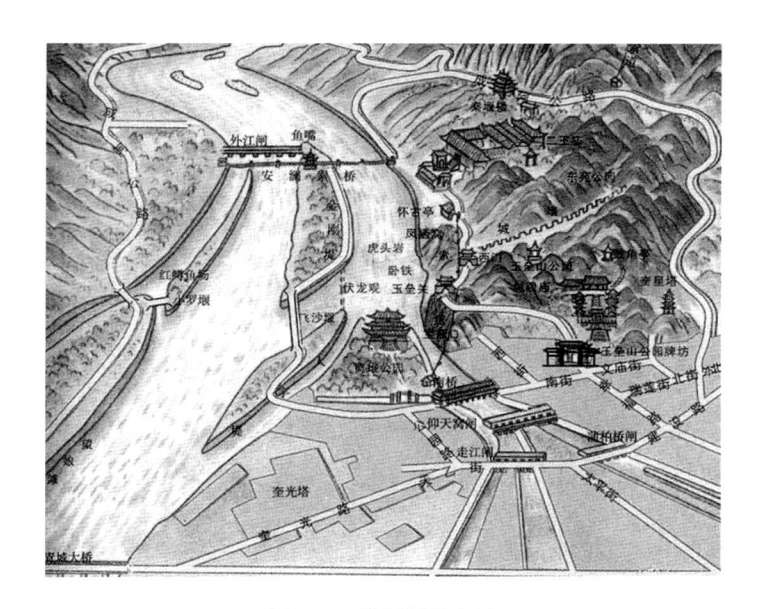

图 4-4 都江堰示意图

"形式多样,大小并存。"

5. 遇湾裁角, 逢正抽心

方案有了,施工却是难上加难。

那时还没有现代化机械设备,也没有钢筋水泥,加之当时的成都平原,人力财力都十分匮乏,中央政府又几乎

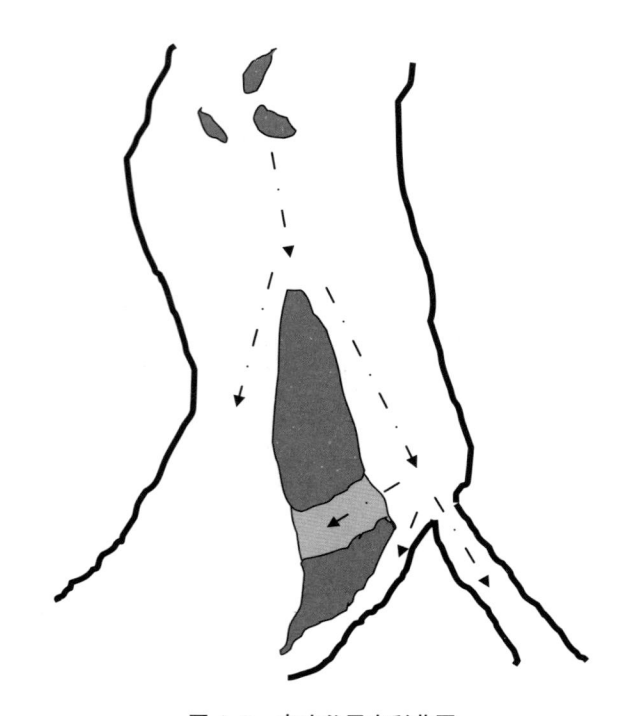

图 4-5 李冰父子水利草图

没有扶持政策。李冰父子望水兴叹，华阳侯更是坐等着看笑话，还四处造谣，煽动老百姓起来反对。

　　与其说李冰是政治家，倒不如说是实干家。看到成都平原连年水患，他下决心要修好"湔堋"。然而，刚一开始，就遇到了巨大的困难。

　　第一期工程是切开湔山。

要是放在当今，切山是很容易的事情，炸药一炸，隧道开挖设备和大型挖掘机器进入，很快就打通了。然而，在当时，哪有这些东西，连火药都还没有发明。

玉垒山千百年来承受岷江冲刷而毫发无损，足见其坚硬。这坚硬品质有利有弊，有利之处在于开凿之后，它依然可以承受江水的冲刷，弊端在于开凿难度太大。

铁锤、铁钎是当时最先进的施工工具。然而，工匠们抡起大锤砸下去，虎口震裂，石头上却只留下一点点痕迹。

那时候，人们已经掌握了热胀冷缩的科学原理，但还没有应用到工程方面。

李冰父子终日思考着"切山"之法，甚至梦想着有神仙赐予开山斧。

一个倒春寒降临的日子，李冰早早地起了床。当他走出房门时，发现门前铺地的一块大石头裂开了，很显然是冻裂的。石头传热慢，内外温度不均匀时，就可能发生破裂。凝视着石头李冰忽然想到了热胀冷缩原理，心头无比兴奋。

在和当地老百姓老工匠一道反复论证后，李冰找到了应用热胀冷缩的方法。

当地不缺木柴，李冰召集工匠在岩石上堆起木柴猛烧，待岩石烧红时，立即向上面浇水，滚烫的岩石遇到冷水，立即裂开。就这样一冷一热，慢慢地把湔山伸向江心的山头切了下来，被切开的地方因为和主体分开了，被称为"离堆"。离堆之后，开挖了一条新的河道。

第二期大工程是修筑分水堤。按照通常的做法，在河中筑堤，都是抛石头下去。但岷江水流太急，抛下去的石头大多数被冲走了，折腾许多天，也不见成效，倒是嘲笑此起彼伏，更有人向朝廷打小报告，说李冰劳民伤财胡作非为。

智慧在民间。李冰再一次寻访老百姓，寻找筑堤办法。

当地盛产竹子，老百姓用竹子盖房子，用竹子编制各类家庭用具。有一天中午，李冰来到江边时，看到有人用一个竹筐装着红苕在水中淘洗，水进入竹筐，把红苕洗干净了，却并不把竹筐冲走，因为竹筐有孔，水可以通过。

李冰找到了办法！

他召来当地数十名竹工，让他们把竹子劈开，编成长三丈、宽二尺的大竹笼，装满鹅卵石，然后安排民工把它们一个一个地沉入江底。

这一招果然十分见效。竹笼有孔，鹅卵石有缝，对水形成的阻力较小，水可以通过。在重力作用下，大笼子安安稳稳地沉下去。当笼子圈成一道大堤，李冰再叫民工在圈中投入更多的笼子，并填入石头和黏土。大堤很快就修成了。今天我们看到的大堤，其实是历史改良过的，当时的大堤要简陋得多，而且需要年年修复。

第三项大工程是飞沙堰，相比之下要容易得多。当时的飞沙堰不是现在的样子，现在是水泥浇的，当时则是用装着石头的竹笼堆码而成，可以根据需要调节高度——想高一点，就增加竹笼；想低一点，就减少竹笼。

在实践中总结，在总结中前进，历时 8 年，湔堋修建完成。李冰父子绝不会想到，根本没有专门进修过水利工程专业的他们，竟然创造了前无古人后无来者的伟大工程。

两千多年后，郑仪作为无数个景仰者之一，拾级而上，往二王庙而去时，他又一次看到了那精辟的对联："遇湾裁角，逢正抽心"（图 4-6）。

因为游人有一种观点，闭目走过去，如果摸到那个"心"字，就能带来好运。因此，那个"心"字已经被摸退

图 4-6　对联"遇湾裁角，逢正抽心"

色，成为白色的了。郑仪却认为，那个"心"本来就是白色的，象征着清白、清正和廉明。

"遇湾裁角"指的是河道有拐弯的地方，一定要根据需要进行修整裁剪，以便让江水流淌得更顺利一些，不会损毁堤坝。"逢正抽心"指的是遇到顺直的河段或河道叉沟很多时，应当把河床中间部位淘深一些，达到主流集中的目的，使江水"安流顺轨"，避免泛流毁岸、淹毁农田。通俗地讲，就是把弯的地方拉直，把直的地方挖得更深。

"百丈堤"就是遇湾裁角的典范。它位于岷江右岸（观者面向上游的右手边），上起观音岩，下至内江河口上游，因长百丈而得名。它用竹笼装卵石筑成，作用是使鱼嘴上游岷江右边的凹岸变成直岸，使江水顺流，以利鱼嘴分水和排沙。丰水期，使主流指向外江，减轻洪水对鱼嘴的冲力；枯水期，使主流指向内江，内江取水量可得到保证。

每次看到这副对联，郑仪都怦然心动。不过，这一次，他心动的不是这八个字中包含的深刻的人生哲理，而是它们启发了他节税的道理。

企业有"税负高点"，这些高点可以视为"角"，将之裁掉，税负不是就降低了吗？企业同时有"税负低点"，这些低点可以视为"正"，要尽可能淘深，让节税潜力被发掘出来！

郑仪在笔记本上记下了：

"遇湾裁角，逢正抽心。"

看着自己写下的这一行字，郑仪进一步对"裁"字进行了分析，这个"裁"不是简单的"裁掉"，而是包含着多层含义：

第一，把一个"角"裁下来，丢弃。

第二，把一个"角"裁下来，让它独立，继续发挥作用（比如离堆）。

第三，具有"裁剪"之意，像裁衣服的师傅一样，裁出花样来（比如人字堤）。

第四，假设别人已经给我们裁好了一个"角"，我们拿过来（比如虎头岩）拼在我们的企业上，使之成为我们的一个"角"——用在企业上，则相当于收购企业。

如果说都江堰用金刚堤"分水"属于战略层面考虑的话，那么"裁角"就是战术层面的考虑，战术总是无处不在的。企业节税也一样，"裁"将是应用最为广泛的战术。

6. 深淘滩，低作堰

在"遇湾裁角，逢正抽心"那副对联不远处，与正对着石级的那面墙相接的右边墙上，有六个大字："深淘滩，低作堰"。

这六个字，郑仪已经见过多次了，之前每次看到，他脑海中闪过的，不过是"把河道挖深点，把堤堰高度垒到适当位置"。但这次，他思考着如何从这条经典治水名言，找到治税的方法。

因为是创新,所以不可能事前详细规划。修建都江堰的八年时间,是不断完善的八年时间。"遇湾裁角,逢正抽心"、"深淘滩,低作堰"等治水思想,也是在实践中总结出来的,而不是一开始就在这些思想的指导下进行施工。

岷江来自山上,一路裹挟着大量的泥沙。分水堤修好了,岷江被一分为二。但不久后,内江就几乎被泥沙填满了,宝瓶口被堵得严严实实的。看来,仅靠飞沙堰和溢洪道,并不能完全解决问题,还得靠人力。

为此,李冰父子制定了人力淘沙的策略,内江河段,定期挖淘。但淘到什么程度才合适呢?太浅不行,太深就挖成深潭了。经过多次论证和数年实践,他们确定了最适当的深度,并在那个深度埋下横卧的铁柱,每年淘沙时,挖到铁柱,就不再往下挖。这个铁柱就是我们现在说的"卧铁"(图4-7)。

飞沙堰的高度,也是经过多年摸索总结出来的。当时的飞沙堰,是用装着石头的竹笼垒的,调节高度很方便。现在弄成了水泥的,是因为高度已经确定好了。

飞沙堰能否起到排沙的作用,和水量有很大的关系。

图 4-7　卧铁

当水量小时，水都溢不出去，沙更是"飞"不起来，就淤积在河道中了。飞沙堰同时也调节着水量，让多余的水流入外江，使宝瓶口的水位始终保持在安全范围当中。这就是"低作堰"的由来。图 4-8 所示为飞沙堰实景图。

黄河为什么成为"天上河"？那是因为河床淤积后，河床变浅，河水外溢，治理者就采取"水高一尺堤高一米"的思路，加高河堤，当河床再次变浅时，再加高……结果形成了恶性循环，河越来越高。如果黄河治理借鉴"深淘低作"思路，也许就不会悬在空中了。而都江堰如果采取了黄河的治理思路，今天的四川盆地，也许就不是天府之国，而且一个大的湖泊了，四川人民也不再生生不息，而成了考古队发掘的对象了！

图 4-8　飞沙堰实景图

如何把"深淘滩，低作堰"应用到企业节税上来呢？

郑仪看着自己的笔记本，看着上面写的"调节产能。分企治税"等文字，他想到了以下三点：

第一，在分企而治，存在多个经济实体的情况下，深淘滩，就是要充分挖掘旗下每一个企业的节税潜力。

第二，要让江水像"安流顺轨"一样，理顺每一家企业的税务关系。

第三，也是很重要的一点，要像在内江和外江之间设置飞沙堰一样，设计一个可以转移产能、转移利润，从而转移税收的"渠道"。

上面三点，为"将一个企业分为多个大小不同的企业"找到了理由，找到了动力，更找到了回报。"分企"是手段，"转移"是目的！

老板的钱袋，就像宝瓶口，要确保安全，又要装入足够多的利润，那么，就得调节税收。郑仪越想越激动，又在笔记本上写下：

"飞沙扬金，转移利润。"

7. 岁必一修

郑仪收好笔记本，继续往上走，很快就来到了二王庙门口。回望岷江，都江堰水利工程尽收眼底。

望着滚滚江水，郑仪心中涌起一股沧桑的感觉。伟大啊，历时两千多年，仍然无人可超越！而且，这里是川西地震带所在地，2008年"5·12"大地震也未能让它受到太大损坏。

郑仪知道，这项伟大的工程，之所以两千多年来，一直璀璨夺目，在于两千多年来，人们一直坚持着一项重要的管理制度，那就是——"岁必一修"。

据文献记载，在三国时期，诸葛亮设置了专门的"堰官"，并征调一支 1 200 人的队伍，常年负责疏通河道，修筑堤坝，形成定制。在诸葛亮之前，虽然没有设置专门的官员和队伍，但每年的修缮却一直坚持着，包括加固堤坝、淘挖河床等工作。

岁必一修，并不是简单地把泥沙挖出来，找一个方便的地方堆起来。有专家考证，这种"岁必一修"有着很科学的要求，泥沙堆放有指定的地方，还通过种植树木等防止沙土流失；在取材方面，也就地取卵石和竹木。在今天看来，这种修缮，非常符合环境保护和经济原则。

从事多年财务工作的郑仪知道，每年企业都有一个"税关"要过：5、6月份。这两个月，税收汇算，税务部门可能来"指导工作"。主动缴税比被查补缴税要好得多：主动缴，是多少缴多少；查补缴，不仅有滞纳金——每天按滞纳金额的万分之五收取——还可能有罚款。

要避免被查补，就需要"岁必一修"，提前完善账目，查找可能遗漏的税款。"修"的时间应该在年度报表上交税务局之前完成，因为报表一旦上交了，想修改调整都不可能了。一是重点关注各项税款是否计算够，各种费用是否超标，各种成本结转是否合理，有没有少确认的收入；二是重点关注收入确认，尤其是挂的预收账款，是否挂得太久了，如果挂得太久，要么确认收入，要么"以新换旧"，滚动挂账。当然，国地税都涉及各类会计凭证是否真实合法。

除了账目、报表、凭证的"修缮"，还需要对税务"生态环境"进行"修缮"。要多和税务部门交流沟通，要及时掌握税收政策的变化，并不妨加强私底下的交流。有很多企业，对税务征管人员避而远之，税务征管人员也懒得帮助他们，结果常常吃不透政策，多缴税或无意中陷入逃税局面。

郑仪脑中浮现着先民岁岁修缮堤坝的景象，心中无比激动。他拿起笔记本，又写下一行字：

"岁必一修，维护环境。"

8. 节税工程

郑仪看了一遍自己在笔记本上写的字，已然无法抑制内心的激动。原来治水和治税，有着这么多相通的地方啊！根据都江堰治水原理，可以创造一套治税方法出来嘛！

这套治税方法，应该叫什么名字呢？

叫避税？显然不合适。避税是利用法律的空白，走"非违法"的路子降低纳税额。而他这套方法，从"分企治税"来看，就是大手笔的动作，是从企业经营调整角度来降低纳税额的。

叫逃税？当然更不合适。逃税是违法的，而他这套方法，显然是合法的。

叫什么好呢？忽然，郑仪脑子里闪过一个念头：都江堰是一项水利工程，我何不叫我的方法为节税工程呢？

对，就叫节税工程！

我这个工程，该有哪些主要内容呢？郑仪一边思考，一边重新整理自己刚才写下的文字。

首先，必须有全局意识，要像李冰面对岷江一样面对企业，眼光不要受限于细枝末节，这样才能有大手笔的节税成绩产生。但大手笔，也不能离开细节的完善和精益求精，否则会存在漏洞，让税务人员误以为企业在逃税。

想到这里，郑仪又写下了一行字：

"大处着手，小处完善——大小并进，节税为本。"

其次，要在企业数目和组织形式上做文章，将一个企业分为两个甚至更多的企业，并且多种企业组织形式并存，从而达到转移产能，以及在不同企业之间形成税务落差。这些意思，郑仪总结成几句话，即

"内江外江，化整为零——企业越多，简单易行。"

"大江小江，形式并存——制造落差，高低分明。"

"鱼嘴劈江，四六分水——左右倒手，调节产能。"

第三，在多个企业之间，要制造调节利润和税款的机制，比如科学地制定关联企业之间的转让价格，从而让税款由股东们乐意的企业去缴纳，从而达到税额最小化的目的。即

"深淘低作，飞沙扬金——价格调节，转移利润。"

第四，要对企业经营流程加以完善，该调整的地方，

在不影响综合利益的前提下，进行调整。在这里，要把握关键，从最能节税的地方下手，就像李冰选择最容易驯服岷江的地方下手治水一样。关于这一点，郑仪前面就已经想到了。即

"遇湾裁角，逢正抽心——流程再造，管理提升。"

第五，要每年对纳税情况进行梳理，并保持和税务征管部门及工作人员的良好"环境"。即

"岁必一修，维护环境——关系融洽，一路绿灯。"

上面这些要点，归纳起来，就是下面这七行字，郑仪自己称之为"节税工程基本思想"：

大处着手，小处完善——大小并进，节税为本。
内江外江，化整为零——企业越多，简单易行。
大江小江，形式并存——制造落差，高低分明。
鱼嘴劈江，四六分水——左右倒手，调节产能。
深淘低作，飞沙扬金——价格调节，转移利润。
遇湾裁角，逢正抽心——流程再造，管理提升。
岁必一修，维护环境——关系融洽，一路绿灯。

看着自己总结的七行字，郑仪有点得意，心中感叹道："穿越时空，膜拜李冰——治水治税，一脉相承。"得意之际，他又把这句话加在了那七行的后面。

在这个时候，郑仪的"节税工程"还没有形成理论体系。这一理论体系是在他实践这一"工程"之后，才详细总结出来的，因此我们放在后面的章节中说。在下一章中，我们将介绍他如何实践，为老板节省巨额税款的过程。

第 5 章
节税工程应用

1. 第一步　告诉老板:"您必须参与!"

从都江堰回来后,郑仪已是胸有成竹,人也精神多了。他决定找老板交流一下企业节税。

郑仪不是一个善于表达的人,老板又是一个对财税知识一窍不通的人,交流起来有些困难。好在老板很信任他。

"郑总监,节税的事情,你觉得怎么做行就怎么做,我只看结果!"老板说。

"那好,我要对公司做一些大的调整。"

一听到"调整"两个字,老板产生了警觉:"不用动人吧?"

郑仪看出了老板的警觉,他笑笑说:"不用。现有团队一个也不会动。"

"那……"老板欲言又止,"不会调整经营吧,我担心影响生意。"

"需要调整,但绝对不会影响生意。我把握这样一个原则:追求综合效益最大化,而不只是追求税款最低。"

"那好!"老板很爽快,"你是专家!你决定就是了。"

如果换了别人,巴不得老板不要"干涉"。可郑仪知道,他的"节税工程"是大手笔、大工程,单靠财务人员是无法成功的,必须公司中高层管理者和各个部门参与。因此,他说:"这是一项大工程,您一定要参与。"

"大工程?"老板很疑惑,多年来,他也去听过不少纳税筹划方面的讲座,虽然没听懂内容,但有一点他是清楚的:纳税筹划,财务人员做就行了,或者请税务专家来辅导,哪用得着老板参与呢?而且,那些玩数字的游戏,钻法律空子的事,也算不上什么大工程啊!

"是的，是一项大工程。我所说的'节税工程'和传统的逃税、避税、纳税筹划，都是不一样的。"郑仪说。

关于节税方法的演变，经历了逃税（以前叫偷税）、避税和纳税筹划三个阶段，郑仪认为，他的"节税工程"是第四个阶段。他对这四个阶段进行了讲述：

税收是国家为了实现其职能，凭借政治权力，按照法律规定，强制性地取得财政收入的一种形式。它具有强制性、无偿性和固定性。纳税人从诞生那一天起，便不可避免地要纳税，直至这个纳税主体消亡。

纳税是纳税人的一项成本，它是纳税人履行纳税义务时所支付的和潜在支付的各种资源的价值。降低纳税成本，是纳税人一种内在需求，一种利益驱动，合法地降低纳税成本，也是纳税人的一项基本权利。

有需求就有行为，节税就是伴随税收诞生而诞生的一种降低纳税成本的行为。从这一行为的演变过程看，大致经历了"逃税"、"避税"、"纳税筹划"、"节程工程"几个阶段。

第一阶段：逃税

逃税是指纳税人在纳税义务已经发生并且能够确定的情形下，采取虚报、谎报、隐瞒、伪造等手段，达到少缴或不缴税款的行为。

根据《中华人民共和国税收征收管理法》规定，逃税的手段主要有以下几种：一是伪造（设立虚假的账簿、记账凭证）、变造（对账簿、记账凭证进行挖补、涂改等）、隐匿和擅自销毁账簿、记账凭证；二是在账簿上多列支出（以冲抵或减少实际收入）或者不列、少列收入；三是不按照规定办理纳税申报，经税务机关通知申报仍然拒不申报；四是进行虚假的纳税申报，即在纳税申报过程中制造虚假情况，比如：不如实填写或者提供纳税申报表、财务会计报表及其他的纳税资料等。对逃税行为，税务机关一经发现，应当追缴其不缴或者少缴的税款和滞纳金，并依照征收管理法的有关规定追究其相应的法律责任。构成偷税罪的，应当依法追究刑事责任。

第二阶段：避税

避税一直饱受争议，在我国法律中没有明确的概念表述，也没有对其地位进行明确地肯定或否定。企业界和理论界有两种观点：一种观点认为避税就是钻法律的空子，只要法律没有明确反对的就可以大胆地实施；另一种观点认为避税就是纳税筹划。

1906年，英国人首先提出"合理避税"概念。这一概念得到了广大企业和经济工作者的认同。这一概念将避税与逃税明确区分开来，因此很多人都强调其"非违法"的，也就是说，这种行为虽然说不上合法，但也说不上违法，是"非违法"的，是"合理"的。

根据众多著作的论述，我们可以给避税下这样一个定义：所谓避税，就是纳税人在熟悉掌握相关税收法规的基础之上，在不直接触犯税法的前提下，利用税法等有关法律的差异、疏忽、模糊之处，通过对企业治理结构、经营活动、融资活动、投资活动等涉税事项进行精心安排，达到规避或减轻税负的行为。

避税是钻法律的空子，导致国家税收收入减少，显然是政府所不提倡的,从避税诞生那一天起,"反避税"也就诞生了。

第三阶段:纳税筹划

纳税筹划是指通过对纳税业务进行有针对性的规划,设计一套完整的纳税操作方案,以达到节税的目的。

从实践来看,纳税筹划主要包括四个方面的行为:一是采取合法的手段进行节税筹划;二是采取非违法的手段避税;三是采取关联交易等手段实现税收转嫁;四是规范整理纳税人财务核算,以实现涉税零风险。

纳税筹划是合理合法的,这是它区别于逃税和避税最显著的特征。它不仅在形式上是合法的,也顺应税法立法部门的意图,是受保护和鼓励的行为。相对于避税而言,纳税筹划具有相当大的优越性,它可以降低纳税成本,实现企业利益最大化。同时,由于纳税筹划是对税法的深入理解并顺应立法意图,可以直接或间接地取得宏观经济效益与社会效益。比如,国家为了抑制某一产品的过度供应,就会加大该产品的税负,企业针对这一情况进行筹划,就是少生产这种产品,企业少纳税的同时,国家也实现了税收的杠杆调控作用。

第四阶段：节税工程

节税工程是通过对企业进行大的改造，包括企业化整为零、分立业务部门、企业形式改变、调整业务流程等手段，来达到巨额节税目的的一种方法。这一方法的启迪，来自于都江堰水利工程。

四个阶段的对比，可以用表 5-1 来展示：

表 5-1 节税发展四阶段对比

项目	偷税	避税	纳税筹划	节税工程
合法性	违法	非违法	合法	合法
实施时点	纳税义务发生后	纳税义务发生中	纳税义务发生前	纳税义务发生前、中、后
收效	高风险，并可能高损失	获取短期收益	获取长期的较高收益	获取长期的巨大收益
	获取税收收益	获取税收收益	获取税收收益	获取税收收益和综合收益
	对微观有利	对微观有利	对微观有利	对微观有利
	对宏观无利	对宏观无利	对宏观有利	对宏观有利
政府态度	打击，严惩	反避税	保护和鼓励	保护和鼓励
节税额	可能巨大	较小	较大	巨大
未来趋势	前景不好	前景不好	前景有限	大势所趋

"听了你对节税手段演变过程的讲解,我明白了。你的'节税工程'是一个新生事物,涉及企业分割和企业形式的转变,的确算得上大工程。这些事你的确决定不了,也不是财务人员从账目上做文章所能实现的。你说,需要我做什么事情?"老板说。

"我每走一步,都会做出方案,请您审批,然后要求其他高层管理者配合就行了。"郑仪说。

2. 第二步　让老板放心:"绝对安全!"

"没问题!只要把税节省下来啥都好说。"老板说,"对了,你这'节税工程'究竟合不合法?安不安全?"

"老板,如果您决定把公司分立为两家公司,这合不合法?"郑仪问。

"当然合法!这是我的自由,谁也不能干涉!"

"如果您打算成立一家新公司,您想在有限责任公司、无限责任公司、个体户、分公司、子公司等形式中任选一种,是不是合法的?"郑仪又问。

"当然是合法的!"

"如果您手中有两家公司,您想让其中一家开工多一点,多产出,另一家开工少一点,少产出,是不是合法的?"郑仪再问。

"那当然!"

"我的'节程工程',就是充分利用企业经营者的'自主权'来实现节税,而不是钻法律的空子,绝对安全。您放心好啦!"

"那好!你放开手脚干吧!"老板高兴地拍着郑仪的肩膀说。

有老板这句话就够啦!郑仪感到无比轻松。如果"节税工程"实施成功了,他就可以放心享用 80 万年薪了,老板也可以高枕无忧啦,可以"税(睡)"得香啦!

3. 第三步 "内江外江,化整为零"——让一个企业变成多个企业

本书一开头就已经说到,郑仪所进入的 CF 公司是一个

大型食品生产销售企业，他去的前一年，销售收入36亿元，税务账目隐瞒了30亿元，逃税超过1亿元（如果加上企业所得税，就接近2亿元了）。

现在，郑仪要用他的"节税工程"，合法地节税1亿多元，实现既节税又安全的目的，化解公司、老板和他作为财务第一负责人三方的税务风险。

CF公司有6个相距不远但比较分散的生产基地，却只注册了一家法人实体，大部分产品通过全国各地超市销售，少部分产品通过自营专卖店销售，专卖店21个。因为当初曾经有上市打算，所以专卖店全是自营，而且不具备独立法人资格。一年前上市计划搁浅，专卖店却没有转型，常常惹来税收麻烦，任何一个专卖店出事，都把公司牵扯进去。

郑仪的第一项"工程"，就是学习都江堰"内江外江"思路，实施分企治税。他做了一个方案，方案中包括三项主要建议：

第一，把CF公司每一个生产基地都注册为独立的法人（化整为零）。

第二，把CF公司采购原材料的部门独立为一个公司

（化整为零）。

第三，把所有自营店注册为具备独立法人资格的个体户（化整为零）。

在修改方案期间，为了放松自己，郑仪不时要上网浏览一下新闻。他发现网上关于食品安全的报道非常多，食品安全问题已经相当严重。

当一个行业出现很多问题时，商机也就来了。CF 公司的老板是一个敏锐的人，他认识到食品安全商机巨大，几个月前就和某科研实验室接触了，研究食品安全问题，想用更安全的东西取代对健康无益但又不得不添加的添加剂（符合《国家重点支持的高新技术领域》规定的"功能性食品及生物技术在食品安全领域的应用"）。何不收购一个实验室呢？于是，他增加了第四项建议：

第四，收购食品安全研究实验室，成立一家高新技术企业（收购企业）。

郑仪将要成立的公司列出来，名单是一长串，总共是 29 个（6 个生产型企业、1 个采购公司、1 个科研公司、21 个个体户销售店）。

"成立这么多企业,岂不是要增加很多人来管理啊?"老板听了郑仪的汇报后,瞪大了眼睛。

"不会增加,我们原来怎么管理,以后还是怎么管理,只是增加了一些营业执照,财务上需要一个实体做一套账,给税务局看的。"郑仪说,"如果涉及业务流程调整,依然是现在这班人马去实施。"

"这么多企业,需要成立集团吗?"老板又问。

"这涉及企业的控制形式了,从节税角度来说,我主张企业与企业之间不参股,也不成立集团公司,但可以用集团模式来管理。"郑仪说。

"也就是说,从法律角度来看,这些公司都是相对独立的?"老板问。

"是的。"郑仪说,"这样更安全。"

"除了更安全,和税收有什么关系吗?"老板问。

"关系大着啦!我们这样做的目的,主要是为了节税。但有一个前提,就是企业与企业之间,税负要不一样。"郑仪说。

特别说明：

要实现"化整为零——让一个企业变为多个企业"，最常见的方式是分拆业务部门，使其成为独立的法人实体，另外比较常见的方式是收购别人的企业或业务部门，收购来后成立一个独立的法人实体。

这里涉及一个问题：有些行业需要办理生产经营许可证，企业分拆后，原则上每个企业都要到相应的部门去取得生产经营许可证。如果这个许可证取得太难，则可以考虑委托生产、代加工和变相租赁生产工厂（生产线）等经营方式。

4. 第四步 "大江小江，形式并存"——在不同企业之间形成税负"落差"

"企业与企业之间，怎么才能税负不一样呢？"老板又问，"我所知道的，各个企业缴的税都差不多啊！"

"企业与企业之间,税负是不一样的。河流上下游之间有水位落差,企业之间,则存在税负'落差'。"郑仪开始详细讲述企业与企业之间为什么税负不一样。

最常见的税负落差,体现在五个方面:

第一,企业与企业之间,业务相同,但因为税目不同,税负可能不一样。以增值税来说,就存在差异。比如,一个一般纳税人的销售企业,增值税按销售收入的13%缴纳,而一个服务企业,增值税按销售收入的6%缴纳。即使同样是销售企业,一般纳税人的税负和小规模纳税人的税负也是不一样的,一般纳税人是按照销项税额扣减进项税额的差额来缴纳,这个税负可能高于小规模纳税人3%的征收率,也可能低于小规模纳税人3%的征收率。而在一般纳税人企业中,因为经营的产品不一样,有的适用13%的税率,有的适用9%的税率。需要说明的是,"营改增"之前,增值税和营业税之间落差明显,全面"营改增"之后,营业税不存在了,但落差依然存在。

第二,企业与企业之间,税种和税目虽然一样,但因为业务不同,也可能税负不一样。下面表5-2是增值税税率表。由表 5-2 可以看出，同样是增值税，有的是 6%，有的是 9%。再比如消费税，不同税目之间的税率相差也相当明显。

表 5-2　增值税税目税率

税目	税率
一、交通运输业	9%
二、建筑业	9%
三、金融保险业	6%
四、邮电通信业	6%或9%
五、文化体育业	6%
六、娱乐业	6%
七、服务业	6%
八、转让无形资产	6%
九、销售不动产	9%

备注：邮电基础电信服务为 9%，增值电信服务为 6%。

第三，税收优惠，也在不同企业之间形成税负落差。就增值税而言，有的企业享受免征增值税。所得税优惠也形成巨大的"落差",一般企业是25%的税率,高新技术企业是15%的税率,小型微利企业是20%的税率,如图5-1所示。

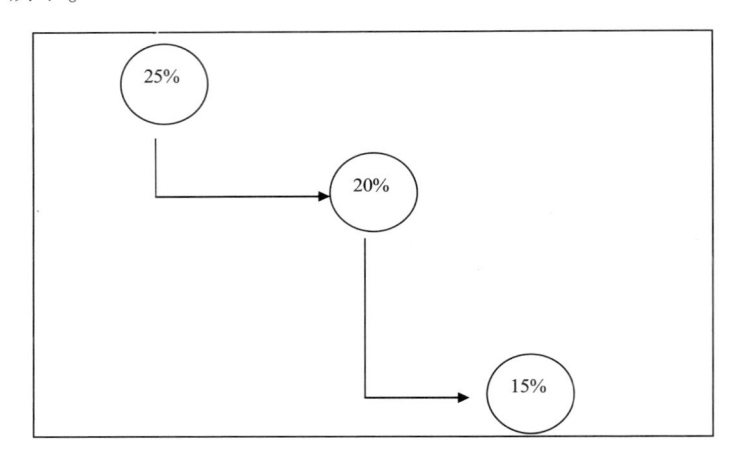

图5-1 所得税落差示意图

第四,同一税种,同一产品,在有的企业需要缴纳,而在有的企业则不需要缴纳。

比如,有一家红酒企业,刚开始是自产自销,后来又设立了一家销售公司,专门销售本企业的红酒(这就是典型的"产酒不卖酒")。这是什么目的呢?

根据《中华人民共和国消费税暂行条例》第一条规定,在中华人民共和国境内生产、委托加工和进口本条例规定的消费品的单位和个人,以及国务院确定的销售本条例规定的消费品的其他单位和个人,为消费税的纳税人,应当依照本条例缴纳消费税。红酒的消费税征税环节为生产环节,因此在红酒零售环节,不需要缴纳消费税。当自产自销时,消费税全部在生产企业缴纳,假如销售不含税价100万元,按10%税率,缴10万元。如果分拆为两个公司,生产公司按80万元卖给销售公司,销售公司再按100万元卖出去,最终销售额还是100万元,但只对生产公司的80万元征消费税,按10%的税率,是8万元,节税2万元。

第五,利用临界点,形成落差。

比如,很多房地产公司建好了房子,自己却不卖给消费者,而是成立一个销售公司来卖(这就是典型的"建房不卖房")。这又是为什么呢?

看一看《中华人民共和国土地增值税暂行条例》第七条、第八条就明白了。

第七条 土地增值税实行四级超率累进税率:

增值额未超过扣除项目金额50%的部分,税率为30%。

增值额超过扣除项目金额50%、未超过扣除项目金额100%的部分，税率为40%。

增值额超过扣除项目金额100%、未超过扣除项目金额200%的部分，税率为50%。

增值额超过扣除项目金额200%的部分，税率为60%。

第八条 有下列情形之一的，免征土地增值税：

（一）纳税人建造普通标准住宅出售，增值额未超过扣除项目金额20%的；

（二）因国家建设需要依法征用、收回的房地产。

如果某房地产公司自建自销普通标准住宅，转让房产所取得的增值额超过扣除项目金额20%，比如刚好为20.01%，税率为30%，假如增值额1000万元，则要缴300万元的土地增值税。

但如果房地产公司只实现900万元的增值额，而将另外100万元增值额交给自己的销售公司去实现呢？情况就不一样了，两个公司的增值额都未超过扣除项目金额20%，一分钱土地增值税也不用缴了！

听了郑仪的讲述后，老板心头豁然开朗："因为落差，水往低处流！因为落差，税在少处缴！如果企业与企业之间税负不一样，我就可以转换缴税的企业啦，让税负低的企业去多缴税，让税负高的企业去少缴税。这就如同左手倒右手，一倒手，税就少啦！"

"左手倒右手！的确如此！"郑仪接过话头，"而且很容易做到。"

老板税收一窍不通，但却轻易领悟到了其中的奥妙。

郑仪在纸上列出了他拟独立的企业的不同税率（只列出了增值税和所得税，其余税没有列），见表5-3。

在7个生产基地中，就体现了"大江小江"思想，有的是公司，有的是个体户，公司是查账征收税款，个体户是核实征收。第七个生产基地（IF食品有限责任公司）主要生产牦牛肉，是郑仪新规划的，计划设在民族自治地区，通过申请可以实现免所得税，收购牦牛时，可以按收购金额的10%抵进项税。

《中华人民共和国增值税暂行条例》第八条第三款规定：

表 5-3 拟独立企业税负落差一览表

公司		税率
生产基地	CF 食品有限责任公司（生产基地 1）	增值税 13%，所得税 25%
	DF 食品有限责任公司（生产基地 2）	增值税 13%，所得税 25%
	EF 食品有限责任公司（生产基地 3）	增值税 13%，所得税 25%
	FF 食品厂（生产基地 4，个体执照）	核定征收（预计每月 2000～5000 元）
	GF 食品厂（生产基地 5，个体执照）	核定征收（预计每月 2000～5000 元）
	HF 食品有限责任公司（生产基地 6）	增值税 13%，所得税 25%
	IF 食品有限责任公司（生产基地 7）	13%（按收购额的 10% 抵进项），免征所得税
采购公司	AF 农产品收购销售有限责任公司	9%（按采购 9% 抵进项），所得税 25%
科研公司	BF 食品科技开发有限责任公司	增值税务 13%，所得税 15%
专卖店	21 个专卖店（个体执照）	核定征收（预计每月 500～2000 元）

购进农产品，除取得增值税专用发票或者海关进口增值税专用缴款书外，按照农产品收购发票或者销售发票上注明的农产品买价和10%的扣除率计算的进项税额。进项税额计算公式：进项税额=买价×扣除率。

AF农产品收购销售有限责任公司主要收购各种食品材料，向农业生产者收购，符合按购进价9%的进项抵扣政策。

财税［2012］38号《财政部　国家税务总局关于在部分行业试行农产品增值税进项税额核定扣除办法的通知》规定了一部分行业不必按发票抵扣，而是通过核定方式确定进项税额。

图5-2所示为增值税落差示意图，图5-3所示为所得税落差示意图。"你刚才说左手倒右手很容易做到？不会是逃税吧？"老板问。

"'左手倒右手'是通过合法途径来'倒'，是节税，不是逃税。"

"那么，怎样'左手倒右手'呢？"老板又问。

"有两个基本思路：一是利用都江堰鱼嘴'四六分水'

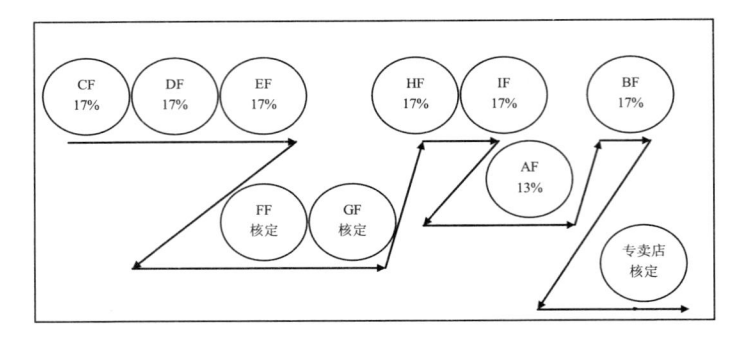

图 5-2　CF 等企业增值税落差示意图

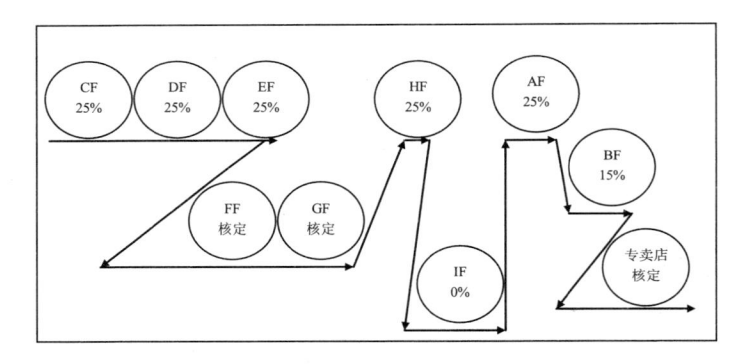

图 5-3　CF 等企业所得税落差示意图

原理,通过科学地布置产能来实现,让税负低的企业多产出,让税负高的企业少产出,从而少缴流转税;二是利用'深淘滩,低作堰'这一思想,达到'飞沙扬金,转移利润'的目的,从而少缴企业所得税。"郑仪说。

特别说明：

上面只讲述了企业的组织形式。实际上，"大江小江"的设置，还涉及企业的控制方式，具体地说，包括参股与不参股，参股比例大小，以及是否控股的问题。

在企业发展初期，很多老板出于税收安全考虑，虽然他有多个企业，却相互不参股，甚至连股东都搞"影子股东"，一旦某一个企业出了问题，一般不牵涉别的企业。

参股比例，决定着关联关系的大小，参股达到25%，则是关联企业了，容易引起税务部门更多的关注（企业也有义务申报关联关系）。

在都江堰水利工程中，对内江的控制力度要强些，对外江的控制力度要弱一些。两者的"关联关系"是通过"飞沙堰"和"溢洪道"来实现的。

5. 第五步 "鱼嘴劈江，四六分水"——左右倒手，调节产能

都江堰鱼嘴分水，不同季节比例不同，丰水期四成水进入内江，枯水期六成水进入内江。这是因为不同季节，成都平原农业灌溉对水的需求量不同。

产能决定销售收入多少，销售收入决定税款多少。当然，谁都希望生意越兴隆越好，销售收入总量不怕多。但要降低纳税额，就要合理布局这些产能。形象地说：你有一千元钱，哪个衣袋放多少，你得事先规划好，放在一个口袋里，可能多缴税。

怎样布局产能呢？

让税负低的实体多产出，让税负高的实体少产出（基于逃税的目的，有的人则这么"布局"：让容易隐瞒收入的实体多产出，让不容易隐瞒收入的实体少产出）。

比如，在郑仪所在的企业里，CF公司是一般纳税人，税负高，FF厂是个体户，核定征收，税负低（当税企关系

融洽时，税务局一般不深入核实真实产值。这当然有一定的风险）。如果让 CF 公司少产出，FF 厂多产出，就可以实现"左手倒右手"，达到少纳税的目的。比如，同样 100 元，在 CF 公司产出，可能缴 30 元税，而将它放在 FF 厂产出，可能只缴 1 元税。有些企业也利用了这一思路，但他们走的是逃税的路子，即只是财务账面上"布局"产能，实际上的产能还是 CF 公司更多（搞两套账）。

CF 公司和 FF 厂之间调节产能，是同时减少流转税和所得税。但 FF 厂作为个体户，毕竟产能太大，又不按实向税务局申报的话，会有一定的风险。因此，节税工程更主张在企业所得税方面做文章，在 CF 公司和 BF 公司这样的实体之间布局产能。

CF 公司所得税率是 25%，BF 公司作为高科技公司所得税是 15%，税负落差是 10%，节税额相当可观。

"我听明白了，"听了郑仪的讲述后，老板向他伸出两只手，"金刚鱼嘴，把都江堰分为内江和外江，你则要把企业分成多个企业。按你的计划，我们要设立这么多个企业，哪些是左手，哪些是右手呢？"

郑仪说："如果左手放税负高的企业，那么右手就放税负低的企业。比如，就增值税而言，左手放 CF、DF、EF、HF、IF、BF，那么，右手就放 FF、GF、AF 和专卖店。"

特别说明：

产能布局，除了企业之间布局，还有一种重要的方式是地域布局。比如，让位于享受税收优惠的高新技术区的企业多产出，按 15% 缴所得税；或者，让位于民族税收优惠地区的企业多产出，按 15% 缴所得税；或者，让符合西部大开发税收优惠政策的企业多产出，按 15% 缴所得税。

6. 第六步 "深淘低作，飞沙扬金" ——价格调节，转移利润

上面说的，是产能"左手倒右手"。接下来，郑仪向老板介绍了利润"左手倒右手"。

飞沙堰在都江堰水利工程中，具有十分重要的地位。

它一方面调节内江的水量,当内江水量过多时,就从飞沙堰溢入外江,从而排除内江险情,减轻宝瓶口受到的冲击。在历史上,它曾经被称作"减水河",形象地表达出了它的作用。另一方面,它具有排沙的作用。岷江从万山丛中急驰而来,挟着大量泥沙石块,如果不处理这些泥沙石块,就会淤塞宝瓶口和灌区。飞沙堰利用了离心力的作用,将上游带来的泥沙和石块,甚至重达千斤的巨石抛入外江,确保内江通畅,确有鬼斧神工之妙。

飞沙堰的高度非常重要:过高,水溢不出去,沙排不出去;过低,又不能确保内江的水量。飞沙堰的高度,必须恰到好处(即"低作堰")。

相关联的企业之间(即老板的左手和右手之间),也需要"飞沙堰",将利润进行合理的转移,从而达到减少纳税的目的。比如,利润100万元,如果在所得税税率为25%的CF缴纳,就得缴25万元企业所得税;如果转移到所得税税率为15%的BF缴纳,就只缴15万元企业所得税,节省10万元;如果能够转移到免征所得税的IF缴纳,就一分钱也不缴了,节省25万元。

利润转移的"飞沙堰"是什么呢?

是交易价格。举例说，CF 公司卖 200 万元货物给 BF 公司，本来可以赚 30 万元利润，但为了让这 30 万元利润中的 25 万元转移到 BF 公司去，于是，CF 公司降价 25 万元，让 BF 公司的采购价降低 25 万元，从而 BF 公司利润增加 25 万元。反之，如果想把 BF 公司的利润向 CF 公司转移，则 CF 公司提高销售价。

这里的"交易价格"，必须像飞沙堰一样，高到什么程度，低到什么程度，都必须恰到好处。什么是恰到好处呢？就是不要离市场价格太远，如果显著高于市场价格，或者显著低于市场价格，都可能引起税务部门的关注。从税法角度来说，是不允许故意转移利润的。

老板听到兴奋处，突然拍了一下脑袋："原来，利润是这么做的啊！我终于明白了，有的上市公司本来快倒闭了，却能够在年底时凭空做出大笔利润来，原来是在玩左手倒右手的游戏！"

"上市公司为了让报表好看，的确常常用关联企业来虚构交易行为，把销售收入和利润做得很高。"郑仪说，"但我们这里，利用'飞沙堰'所转移的利润，是实实在在的利润。"

7. 第七步 "遇湾裁角，逢正抽心"——流程优化，控制税负"高点"

"在观看都江堰过程中，给我留下印象最深的两句话是'遇湾裁角，逢正抽心'。"老板说，"这两句话，怎么用在节税方面呢？"

"这两句话中，前一句非常通俗易懂也非常形象。"郑仪说。接着，他打了一个比喻：有一条河，一到洪水期，就出现水灾。经过调查，原来是某个河道转的弯儿很奇特，如图 5-4 所示，在 A 处形成一个小于 30 度的弯。每到洪水期，水流无法在这个地方顺利通过，导致水溢出河岸形成水灾。于是，当地民众齐心协力，把河流改了道，如图 5-5 所示，把河流弯道拉直了。那之后，水流畅通再也没有水灾了。

"在企业经营管理过程中，我们的经营流程存在很多看不见的'弯道'，这些弯道要么流失资产，要么浪费资源，要么丧失发展机会，要么多缴税费。"郑仪说，"这个时候，

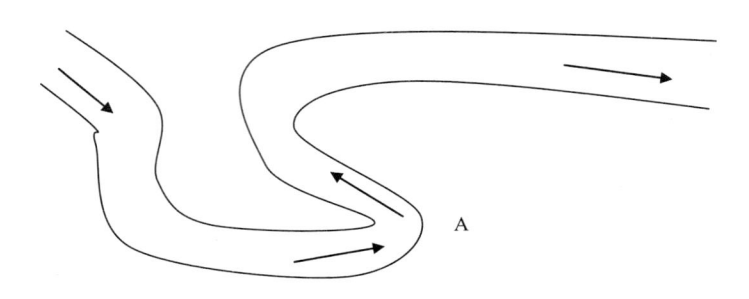

图 5-4 改造之前的河流

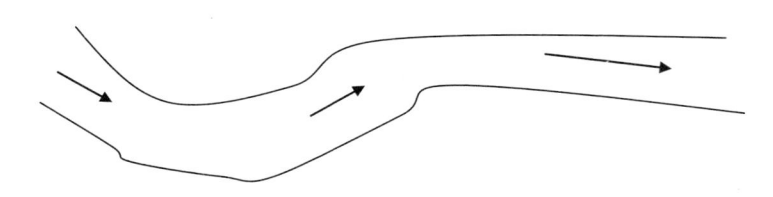

图 5-5 改造之后的河流

就要'裁角'。'遇湾裁角'这句话，就节税而言，主要应用在两个方面。"

"哪两个方面？"老板问。

郑仪详细讲述了这两个方面，并举了案例。

第一个方面，"裁"掉"税负高点"。

所谓税负高点，就是经营流程中，导致税负较高的节点。"税负高点"是一个相对概念，不能因为某个环节产生的税款多，就列为税负高点，如果那样的话，永远都只是销售环节。税负高点的真正含义，是指存在多缴税的节点，或者可以不缴税而缴了税的节点。比如，郑仪所在公司属于制造型企业，在制造环节投入很多人力成本，而人力成本不能抵扣进项税，这个环节就成了税负高点。他建议，把这个"角"裁掉，把部分制造外包出去，由外包单位加工的同时提供增值税进项发票。

都江堰中的百丈堤，就是"遇湾裁角"的典范，将弯弯的河道拉直了。

第二个方面，"裁"掉不合理的业务流程，让流程改道，像河流改道一样。比如，A公司与B公司共同成立房地产公司C开发写字楼，修建完毕，A公司自用一部分。在这里，资金从A、B公司流入C公司，资金转化为写字楼后，其中一部分再从C公司流回A公司时，需要缴纳巨额税款。如果把"流出"、"流回"这些环节裁掉呢？A公司和B公司合资建房，但不事先成立新的房地产公司，A公司获取写字楼的过程，就成了自建自用，不存在交易环节，少缴很多税款。

"在很多时候，'遇湾裁角'也不是简单地裁掉一个角，有时还有'裁剪'的意思，裁出新花样来。"郑仪说。

"如何裁剪？"老板问。

"就是流程复杂化，类似于增加一个'角'！"郑仪说，"'虎头岩'就是多出的'角'，虽然突兀着，却十分有用。"

这种情形实际发生得很多。比如，甲公司向乙公司购买一块土地，涉及大量的税款要缴纳。经过"裁剪"，改变了流程，乙公司用这块地投资成立一家丙公司，甲公司整体收购丙公司股份，税收会低得多。

老板听了，高兴地说："以前出去听课，常常听到老师讲这个案例，原来是'裁剪'来的啊！"

老板接着又问"逢正抽心"如何在节税上运用。

郑仪介绍说，在节税方面，"逢正抽心"和"深淘滩"都可以理解为想尽一切办法，挖掘节税潜力。比如，有的企业为了延迟将预收账款确认为收入，甚至制造一起诉讼来达到目的。当然，官司不是真的打，只是发些律师函件。

郑仪本来想进一步讲一下"裁"字的含义，包括裁下一个"角"，使之独立；把别人裁好了的"角"拿过来拼在自己的企业上面等，又担心讲得多了老板理解不了，于是就没有讲。

8. 第八步 "岁必一修，维护环境"——融洽税企关系

前面已经讲到了，"岁必一修"就是每年完善财税账目，不要留下税收隐患。这主要是财务方面的工作，郑仪没有详细向老板介绍了。

至于维护企业与税务部门的关系，老板就非常在行了，而且一直也做得很好。

在财务角度，郑仪也有必要与税务主管人员和税收分管专员搞好关系，加强沟通与交流。因为节税工程涉及企业经营方方面面的调整与变动，要让税务人员明白和理解这些变动实际上是企业经营调整的正常行为。

上面八个步骤，和本书上一章提到的"节税工程基本思想"有重叠之处，可以融合在一起，如图5-6所示。

大处着手，小处完善——大小并进，节税为本（方法论）	思想	节税工程基本思想与步骤融合
告诉老板，节税工程——只靠财务，绝对不行（第一步） 方法阐明，原理讲清——绝对安全，老板放心（第二步）	步骤	
内江外江，化整为零——企业越多，简单易行（第三步） 大江小江，形式并存——制造落差，高低分明（第四步） 鱼嘴劈江，四六分水——左右倒手，调节产能（第五步） 深淘低作，飞沙扬金——价格调节，转移利润（第六步） 遇湾裁角，逢正抽心——流程再造，管理提升（第七步） 岁必一修，治理环境——关系融洽，一路绿灯（第八步）	思想和步骤	
穿越时空，膜拜李冰——治水治税，一脉相承（总结语）	思想	

图 5-6　节税工程基本思想与步骤融合

第6章
节税工程方法体系

经过半年多的规划、实施,第二年,郑仪所在的公司(在实施节税工程后,事实上已经是由多家公司组成的"企业集团"了)合法节税 1.7 亿元,并且不需要再做两套账,不需要再隐瞒销售收入。

郑仪安安心心地拿着 120 万年薪(老板见其业绩显著,给他涨了 40 万元),生活过得有滋有味。老板呢?从此也睡得安安稳稳,再也不担心税务部门来公司"支持工作"了。

巨大的成功,让郑仪产生了把节税工程上升到理论层面,使之具有通用性,从而造福更多的企业和更多的财务人员的念头。

这一念头得到了某财经大学几位教授的肯定，教授们为他提供了很多理论支持。在他们的帮助下，郑仪经过半年多的梳理，形成了他独特的来自于都江堰治水的"节税工程方法体系"。

1. 节税工程与纳税筹划的关系："1同10不同"

郑仪给"节税工程"下了一个定义：是企业为了实现大幅度节税的目的，所实施的以企业生命周期、企业经营流程为"两大基石"的，以科学选择企业组织形式和控制方式，在区域上和产业上合理布局生产资源和生产能力，整合及再造企业经营流程为"三大手段"的系统工程。

郑仪认为，传统的纳税筹划着眼于局部（最多也就是着眼于与财务有关的数个经营流程环节），筹划的税额是较为有限的，而节税工程主要是站在企业战略高度来展开，节税额相当可观。可以这样比喻：实施纳税筹划，主要是拿着显微镜在工作；实施节税工程则是先拿望远镜工作，再拿显微镜工作。

郑仪还专门分析了节税工程与纳税筹划之间的关系。两者的区别包括10个方面：

（1）高度不同。节税工程是站在企业战略高度，从企业地域和产业布局、治理结构、股权结构、生命周期、经营流程等大的方面着手，以降低税负为切入点，实施的一系列全局性规划行为。纳税筹划是站在企业财务管理层面，从企业物流、资金流方面着手，逐个环节寻找降低税负的突破口所实施的局部性的筹划行为。这里的"全局性"和"局部性"都是相对而言的。和"避税"比起来，纳税筹划也具有综合性，但和节税工程比起来，纳税筹划却又显然是局部的行为。

（2）出发点不同。节税工程的出发点是企业利益最大化，降低税负仅仅是它的一个切入点，当税负和企业利益最大化产生冲突时，节税工程将选择有利于企业利益最大化的行为。纳税筹划的出发点就是降低税负，这一出发点可能与企业整体经营发生冲突，有时表面上税负是降低了，但可操作性很低，甚至与企业利益最大化背道而驰。比如某企业从经营角度来说，应该在原料地设生产基地，假如从税收角度上看，原料地税负偏高，这时，狭隘的纳税筹划人员就会建议到税负低的地方建生产基地。很显然，这种筹划是没有价值的。

（3）方法不同。节程工程的方法或者说手段是在把握企业生命周期和企业经营流程基础上的"科学选择企业组织形式和控制方式"、"在地域上和产业上合理布局生产资源和生产能力"、"整合及再造企业经营流程"。这些方法，都是企业经营管理层面的，属于管理方法。纳税筹划的方法则是从财务管理中衍生出来的，这些方法主要包括价格转移、税率选择、税基调控、分拆业务或合并业务等。

（4）责任部门不同。节税工程和纳税筹划都是以财务部门为核心，但责任部门却是不同的。纳税筹划的责任部门是财务部门，因为筹划的方法、信息、资源、权力等都集中于财务部门，由其担责理所当然。但节税工程由于是跨部门、跨系统甚至跨越若干个关联企业的行为，仅仅由财务部门来实施根本无法奏效，它需要多个部门配合，需要整合多种资源和人才，也涉及给予较高层次的行政权力。因此，这项工作的责任部门除了财务部门外，还包括采购部门、生产部门、销售部门等所有业务部门。

（5）对实施人员行政层次要求不同。纳税筹划因为所涉及部门较少，所涉及的面相对较窄，往往财务经理就可以担纲完成。节税工程因为涉及部门较多，涉及面很宽，财务经理在行政级别上，很难调动相关资源和人才，这就需要更高行政级别的人员来担纲，比如副总经理、总经理等。如果是涉及多个关联企业，担纲人员还必须是集团公司或控股母公司的高层管理者。我们常常这样通俗地说：做纳税筹划，你找财务经理就可以；做节税工程，你得找到老板。

（6）对实施人员专业素质要求不同。纳税筹划对实施人员的专业素质要求相对较低，实施人员掌握财务知识、税收知识，再了解一些经营管理知识就足够了。节税工程是跨专业的行为，要求实施人员是复合型人才，除了财务税收知识外，还需要熟练掌握节税工程"两大基石（江分大小，流分上下）"和"三大手段（分江、调水、裁角）"所涉及的知识和技能。这类复合型人才事实上比较少，除了向社会引进外，最主要的获取途径是内部强化培养。

（7）效果不同。纳税筹划在降低税负方面，是较为有限的，有时耗费很大的人力和财力，所筹划下来的节税额，远远小于偷税行为所实现的"节税"额。正是这种差距，导致很多企业宁愿冒险去偷税，也不愿意聘请纳税筹划专家。节程工程的成效却非常显著，它所获取的节税额，绝不低于偷税所带来的"节税"额，甚至远远高于偷税的"节税"额。而且，它是合理合法的，是政府鼓励和支持的。尤其重要的是，实施节税工程事实上是对企业整个经营管理进行整理和提升，在获取税收收益的同时，获取综合管理收益。

（8）未来发展趋势不同。纳税筹划节税额相对较小，最终将被节税工程所取代。另外，纳税筹划中的很多方法，其实是对避税方法的继承，这是政府"反避税"的对象，随着反避税的深入，纳税筹划的空间和范围将会越来越小。近年来我国税法不断改革，内资外资企业统一所得税、区域优惠弱化、关联交易纳税特别调整加强等，一方面是经济发展的需要，另一方面也是针对"纳税筹划"中的避税行为而推出的。税法修订权掌握在国家手里，打着筹划幌子实施避税和偷税的"专家"们节节败退是理所当然的事情。

（9）实施时间不同。纳税筹划本身应该是一种事前的规划，但从现实中来看，很多企业在事前并没有想到筹划，往往是出了问题才想到求助于税务专家。而事后的筹划，常常难以奏效。节税工程也要求事前规划，但在事中依然可以根据经营的实际情况不断修正和调整方案。即使企业在事前没有想到实施节税工程，在事中来补救也是有效的，毕竟节税工程所调动的资源和人力是纳税筹划无法比拟的。

（10）风险不同。由于节税工程常常涉及"大手笔"的调整，常常存在"跨前一步是偷税"的情形，因此，节税工程本身没有风险，但在实施过程中，实施人员容易跨入高风险领域。纳税筹划通常不存在这样的问题，因为牵涉面小，要么顺利运用，要么就弃而不用。

那么，两者的联系又在哪里？作为节税途径演变的第四个阶段，节税工程的方法与纳税筹划的方法存在联系，纳税筹划所使用的基本方法和节税工程的辅助技法基本上是类似的。也就是说，节税工程在基于"两大基石"、"三大手段"的前提下，依然要使用基于税基、税率和优惠政策的一系列方法，包括税基调节法、税率选择法和创造优惠法。

2. 节税工程根本指导思想：治水顺水性，治税顺法规

治水须顺水性，逆水性去治水，不仅治不了，反而可能招致更严重的水患。

企业治税，则要顺应法律法规的要求，和法规对着干，要担很大的风险。顺应法规，是节税工程的基本前提。怎样顺应呢？我们总结为：

"远离法规"或"靠近法规"。

这就是节税工程的根本指导思想。

什么叫远离法规呢？远离法规不是违背法规，更不是抛弃法规。远离法规指的是如果法规是这么规定的，就创造条件，让你的经营行为不受这条规定的限制。

比如，《中华人民共和国企业所得税法实施条例》第二十三条第一款规定："以分期收款方式销售货物的，按照合同约定的收款日期确认收入的实现。"收入一旦确认，税收义务就已经产生。如果我们在合同中对收款日期约定进行

规划，就可以推迟收入确认时间，从而推迟税收义务的产生。这就是"远离法规"。

什么又是靠近法规呢？就是如果税收的规定对企业有利，就创造条件，让你的经营行为符合这个有利规定的范畴。

比如，《中华人民共和国城镇土地使用税暂行条例》第六条规定了免缴土地使用税的情形：国家机关、人民团体、军队自用的土地；由国家财政部门拨付事业经费的单位自用的土地；宗教寺庙、公园、名胜古迹自用的土地；市政街道、广场、绿化地带等公共用地；直接用于农、林、牧、渔业的生产用地；经批准开山填海整治的土地和改造的废弃土地，从使用的月份起免缴土地使用税 5 年至 10 年；由财政部另行规定免税的能源、交通、水利设施用地和其他用地。例如，有一个企业是经营休闲娱乐和度假的，该场所占地面积相当大，其中包括很多绿地、人工湖等。如果全额缴纳土地使用税，那负担是很重的。于是，该企业的股东又去注册了两家公司，一家经营花木，一家经营水产养殖，再将绿地投资给花木公司，将人工湖投资给水产养殖公司，如此一来，就有大量土地属于"直接用于农、林、牧、渔业"了，具备了免缴土地使用税的条件。但三家公司外部形象还是一个休闲娱乐和度假场所，不影响其经营。

节税工程提倡的是实现企业利益最大化，而不是单纯追求税负最低。因此，我们在实施"远离法规或靠近法规"这一思想的同时，必须和企业利益最大化保持一致。当节税工程与经营整体利益相冲突时，就应该调整我们的思路。

3. 节税工程方法论： 大处着手， 小处完善

方法论，指的是人们认识世界、改造世界的一般方法，是指人们用什么样的方式、方法来观察事物和处理问题。节税工程的方法论，或者说节税工程实施的一般方法，在前面已经说到，就是"大处着手，小处完善——大小并进，节税为本"。就都江堰而言，金刚堤、宝瓶口、飞沙堰等属于"大处着手"，百丈堤、虎头岩、卧铁等则属于"小处完善"。

（1）大处着手。从大处着手，就是要求我们要有全局观和前瞻性。虽然是节税行为，但眼光不能仅仅局限于直

接涉税的几个环节。

这里的"大处"指的是什么呢？就是我们的两大基石（"江分大小，流分上下"）和三大手段（分江、调水、裁角），可以简称为"二加三"。当我们接受企业委托实施节税工程，或者我们自己所在企业需要实施节税工程时，我们首先要分析企业生命周期，目前的经营特点，纳税方面的特点，然后梳理经营流程，看哪些方面与节税要求相一致，哪些不一致，同时也可以在中间找到突破口。接下来，就是拿三大手段来一一对照，看哪些方面存在节税潜力，或者说有创造节税的条件和可能。

通常来说，只要我们落实了"从大处着手"，一般就能够找到巨额节税的突破口和方法了。

（2）小处完善。节税是一项风险较高的行为，稍有不慎就可能陷入逃税的泥潭。另外，税法一直处于不断完善的过程，每年都有大量新法规出台，加之企业经营本身的复杂性，致使节税也是一项极其复杂的工作，如果不从小处完善，很可能留下漏洞，这些漏洞就可能导致非主观偷税的存在。

从小处完善，主要包括三个方面：一是将相关税收法规，逐条与我们的节税行为核对，看我们的节税行为是否合法；二是逐个经营行为梳理，看是否有遗漏；三是将整个节税工程中的行为整合起来，看是否与企业整体经营利益相冲突。

我们可以打个比喻，以说明节税工程的方法论：从大处着手就是一座高楼从选址、土建到清水房落成；从小处完善则是对已落成的高楼进行装修，使之漂亮并适合居家或办公。

4. 节税工程两大基石——江分大小，流分上下

从都江堰水利工程来看，外江和内江并不是一样宽，内江河道小于外江。纵观岷江水流，有上游、中游、下游。

节税工程的两大基石与此相通，小企业如小河，大企业如大江，各自的节税突破口和重点措施是不一样的。这里的"大"和"小"，我们理解为企业生命周期的不同阶段，而不是规模的大小，因为大企业都是从小企业成长起来的。企业的经营流程"供—产—销"则类同于河流的上、

中、下游。都江堰治水，从分析考察岷江上、中、下游，找到了最佳建设工程的位置。而节税工程，则要分析考察企业经营"供—产—销"各个环节，从而找到节税突破口。

传统的纳税筹划是以企业会计准则、财务核算方法、税收法规为基石的，在很多时候，筹划专家是通过对经营行为进行规划和变通，以达到节税的目的。节税工程当然也离不开企业会计准则、财务核算方法、税收法规等，但节税工程是基于企业生命周期和企业经营流程来实现"从大处着手"的。

1) 企业生命周期（从小河到大江）

包括企业在内的任何一个组织，都是一个生命体，有其诞生、成长、成熟、衰退和消亡过程。美国管理学家爱迪思（Adizes·I.）在其经典著作《企业生命周期》中，形象地用一个人的生命史来比喻企业的生命周期，将企业生命周期分为孕育期、婴儿期、学步期、青春期、盛年期、稳定期、贵族期、官僚化早期、官僚期、死亡。

爱迪思之后，不少管理学家完善和升华了他的理论。现在理论界对企业生命周期的划分更为简洁，通常划分为四个阶段（现在还没有统一的表述，但意思基本上是一致的）：创业期、成长期、成熟期和衰退期。当然，并不是所有企业都中规中矩地经历这四个阶段，中途夭折的企业很多，衰退之后再生的企业也很多，归纳起来，大致有三种类型：

一是普通型。周期运行顺序是：创业期—成长期—成熟期—衰退期。普通型变化最为常见，60%左右的企业属于这种变化，没有大起大落。

二是起落型。周期运行顺序是：创业期—成长期—衰退期—成熟期。起落型变化比较复杂，不易掌握，属于盛极而衰，大起大落的类型。这类变化企业的比例约占20%。

三是晦暗型。周期运行顺序是：创业期—衰退期—成长期—成熟期。这类变化的企业与上述两类变化相比，一开始就陷入困境，当摆脱困境之后，才开始成长。这类变化企业的比例约占20%。

当然，现实中的企业情形远远不止上述三种类型，除了"创业期"位于最前端外，后面三个阶段没有固定的次序，三个阶段排列组合，将会产生相当多相当复杂的企业生命历程。

当一个企业消亡，其纳税义务丧失，节税工程也相应地消失了。因此，我们针对节税工程对企业生命周期各阶段的概念做一些调整，调整后的企业生命周期四个阶段表述为创业期、成长期、扩张期和战略转移期。其中"扩张期"对应传统理论中的"成熟期"，当企业处于成熟阶段，具备一定规模和实力之后，才可能扩张，而只有扩张才会产生更多的节税需求；"战略转移期"对应"衰退期"，但又不完全等同于"衰退期"。企业衰落，甚至消亡，可以视为经营者投资的转移，关掉这家企业，投身到新的企业或行业是转移。另外，企业收缩业务，从多元化走向专业化也属于转移，但不是衰退，所以用"转移"一词来表述更为合理。

企业在生命的不同阶段，其实力不一样，社会责任不一样，经营者所采取的战略、管理方法、纳税能力和意愿也是不一样的，具体见表6-1。

事实上，纳税意愿也是社会责任感的一种具体表现，这一意愿是随着企业经济实力的起伏而起伏的。这相当好理解，当企业实力较弱，现金流相当困难时，挣扎于生死线上时，自然纳税意愿就较弱；当企业实力强大起来，现金状况良好，经营者不会去冒税收方面的风险了，而更愿意通过高额纳税来提升企业和企业家的形象。

表 6-1 企业生命周期特点一览表

项目	创业期	成长期	扩张期	战略转移期
经济实力	弱	较弱	强	较强
社会责任	弱	较弱	强	较强
战略特色	发展型战略	发展型战略	稳定型战略	紧缩型战略
管理特色	简单粗放	逐步规范	规范甚至繁杂	繁杂并趋于混乱
纳税意愿	弱	较弱	强	较强
涉税风险	高或低	较高	高	较高

涉税风险和纳税意愿并不一定能保持一致。一般来说，企业实力越强大，它所面临的涉税风险可能越大。在创业期，企业实力较弱，涉税风险高通常是因为经营者主观上偷税意识较强烈，倘若经营者主观上不偷税，风险就低，因为企业规模较小，非主观漏税额不可能太大。当企业经济实力壮大后，企业缴纳税收的绝对额较高，如果经营者主观上要偷税，就是大额偷税，风险当然很高；如果经营

者主观上不偷税，但非主观的漏税额度也常常很大，风险也是很高的。

节税工程除了要考虑企业纳税意愿外，更多的要考虑企业涉税风险，通过节税工程的实施，使企业涉税风险为零，却又能够降低税收成本。通过这样的分析，我们就不难看出把企业生命周期作为节税工程两大基石之一的原因了。从我们数年的实践来看，也只有基于对企业所处生命周期的阶段，以及该阶段的经营特点和税收特点的准确把握，才能够站在企业战略的高度来实施节税工程。

2) 企业经营流程（从上游到下游）

通俗地说，企业经营流程就是企业经营管理行为的过程。资金在企业中由货币形态转化为实物形态，再由实物形态转化为货币形态，然后再转化为实物形态……如此周而复始。这种转化是由人的行为来促进的。企业经营和管理就是一个又一个行为，这些行为经过不同的节点和路线，构成了一个又一个流程；一个又一个流程连接在一起，就构成了企业经营的全部过程。在经营流程中，人是次要的，标准化的流程才是最重要的，当标准完善并固定下来之后，换成任何一个人，企业都可以良好地运转下去。

在节税工程中，提出了一个"经营流程闭合环理论"。货币资金从采购环节变成实物，经过生产加工，再在销售环节由实物变成货币，这就是一个流程闭合环。一个又一个闭合环环环相扣，就是企业的持续经营和发展。

企业经营流程各个环节并不是孤立的，任何一个环节，都受到其他环节的影响，这一影响包括推动和制约。问题常常是在某一个环节显露出来，但是，如果仅仅从这个孤立的环节去解决问题，通常很难达到理想的效果。比如，生产环节某一天出了一个问题：停工待料一天。这个问题表面上是生产环节出现的，看起来是生产环节的责任，但如果我们从整个流程闭合环去分析它，就会发现有很多环节存在问题，有很多环节的负责人应该承担责任：

——采购环节未及时下单购料；

——财务部门未及时为采购部门准备资金；

——销售部门回款不力，导致财务部门预算失效；

——品质不过关，导致销售部门收不到钱；

——质检部门工作不力，导致品质不过关；

——研发部门关于品质检验的标准文件有问题，导致质检工作难以开展；

——研发部门标准文件有问题，是因为市场部反馈的信息不准确；

……

大家都有责任，那怎么解决呢？这时，就需要企业高层管理者担纲，调动整个流程闭合环各环节的资源和力量，共同来解决这个问题。

企业任何一个经营环节出现的问题，都和其他环节有关。税收问题也是一样的。

我们在实践中遇到过这样一个案例：

某大型企业财务经理有一件十分苦恼的事情，每个月增值税进项发票都无法按计划取得，企业少抵扣了进项税，白白地多缴了增值税。这位财务经理所采取的措施是控制采购环节，凡是不提供增值税发票的，一律不付款。

这一措施一出台，就遇到很大的阻力：采购部门说不付钱材料拿不回来，生产部门说材料进不来产品就生产不出来，销售部门说没有产品我们当然完不成销售任务。这三个系统的负责人一齐向老板报告财务系统在"蛮干"，老板一气之下，把财务经理叫去狠狠地批评一通，要求废除不提供增值税发票就不付款的规定。

这个案例中的财务经理之所以失败,就是因为他没有从经营流程闭合环的角度去想办法和解决问题,而是采取了很多管理者都会采取的措施——简单地扼制自己的上游环节。事实上,这是一个财务和采购互动,同时取得生产、销售环节支持的事情。

在接受委托之后,我们对相关因素进行分析,召集了一次由各个系统负责人和具体执行人员参加的会议。在会议上,我们首先给他们算了一笔税收账,然后分解责任,让每一个系统认识到索取增值税发票不仅仅是财务部门的事情,也是大家的事情,是关系到企业整体利益的事情。在会上,生产和销售部门对财务的要求表示了理解和支持,表示如果是因为索取发票影响了生产进度而影响销售,他们不向财务部门和采购部门追究责任。经过讨论,最后达成的解决方案如下:

第一,采购部门完善预算体系,为财务部门提供准确的资金需求计划;

第二,采购部门在签合同时,就规定有关索取发票的内容,财务部门合理安排资金确保按合同规定时限支付资金，采购部门在付款时索取增值税发票。

供应商出于税收方面的考虑，在没收到货款时，常常不开发票，以达到不确认销售收入的目的。如果支付了货款，就没有不开发票的理由了。一个看似采购部门的事情，最后还是得由采购部门和财务部门共同来解决。

企业中任何一个问题，都是牵一发而动全身。系统性地解决节税问题，离不开对整个流程闭合环的解剖和分析，这也是我们把流程闭合环作为节税工程两大基石之一的原因。

5. 节税工程三大手段（1）：分江——科学地选择企业组织形式和控制方式

纵观都江堰水利工程，李冰采取的种种措施，可以归纳为三大措施：

第一是"分江"。将岷江一分为二，形成"内江外江"、"大江小江"格局，并采取不同的控制方式和力度。

第二是"调水"。这里的"调"是调节之意，包括"鱼嘴劈江，四六分水"和"深淘低作，飞沙扬金"。

第三是"裁角"。这里的"裁"包括四层含义：

一是把河道拉直，把"角"丢弃（比如修建百丈堤）。

二是把"角"裁下来，使之独立（比如切开玉垒山，让离堆独立）。

三是"裁剪"，有意图地裁出花样来（比如飞沙堰、人字堤和溢洪道）。

四是利用现成的"角"，为我所用，发挥其价值（比如虎头岩）。

相对应的，节税工程也包括三大手段。

节税工程的三大手段，涉及企业经营的多个方面，而且很多是涉及战略层面的问题，比如治理结构涉及股权设置，地域布局涉及资源与市场整合，产业布局涉及投资者的投资倾向。这种高度，已经远远超出了财务和税收的范畴，实施节税工程的人员，不仅要眼界开阔，还要敢于大胆构想。

1) 企业组织形式

企业组织形式有多种划分标准，我们这里从涉税角度来进行形式的划分。在新企业所得税法出台之前，内资和外资是重要的划分标准，但新企业所得税法出台之后，内资企业和外资企业所得税税率保持一致了，因此我们不再考虑内资和外资问题。

◎按企业责任划分

从责任角度划分，我们可以将企业划分为个体工商户、个人独资公司、合伙企业和有限责任公司几种形式。

为什么这样划分呢？原因在于不同形式企业的税负是不一样的。

税法规定个体工商户的生产经营所得和个人对企事业单位的承包经营、承租经营所得，适用5%~35%的五级超额累进税率。个人独资企业投资者的投资所得，比照个体工商户的生产、经营所得征收个人所得税。合伙企业是指依照《合伙企业法》在中国境内设立的，由各合伙人订立合伙协议，共同出资、合伙经营、共享收益、共担风险，并对合伙企业债务承担无限连带责任的营利性组织。在合伙企业中，合伙损益由合伙人依照合伙协议约定的比例分配和分担。对合伙企业已经停止征收企业所得税，各合伙人的投资所得，比照个体工商户的生产、经营所得征收个人所得税。由此看来，个体工商户、个人独资企业、合伙企业所得税税负是一样的。

有限责任公司的税负却明显区别于前三种企业。有限责任公司是由两个以上股东共同出资，每个股东以其认缴的出资额对公司承担有限责任，公司以其全部资产对其债务承担责任。作为投资者的个人股东以其出资额占企业实收资本的比例获取相应的股权收入。作为企业法人，企业的利润应缴纳企业所得税。当投资者从企业分得股利时，按股息、红利所得缴纳20%的个人所得税。这样，投资者取得的股利所得就承担了双重税负。

很显然，采取不同责任形式的税负是不一样的。节税工程在选择企业责任形式时，必须首先对税负进行测算。当然，在考虑税负的同时，还要考虑责任风险，有限责任公司承担有限责任，无限责任公司承担无限责任，从长远发展看当然选择有限责任公司形式更好，选择无限责任公司形式，通常只是企业发展初期的一种规划，或者是在企业生命周期其他阶段作为一种并存的企业形式。

◎按规模划分

我们按规模来划分企业，是基于税法有这样的规定：

2008年1月1日正式实施的新的《企业所得税法实施条例》中规定，一般情况下，企业所得税税率为25%；符合条件的小型微利企业，减按20%的税率征收企业所得税；国家重点扶持的高新技术企业，减按15%的税率征收企业所得税。

小微企业标准规定：从事国家非限制和禁止行业，且同时符合年度应纳税所得额不超过300万元，从业人数不超过300人，资产总额不超过5000万元。对高新技术企业的认定指标是：拥有核心自主知识产权；产品或服务属于《国家重点支持的高新技术领域》规定的范围等。

选择不同规模的企业形式，税负是不一样的。可能有读者要说：企业规模不是我们能够选择的啊。的确，企业小时，要"选择"大规模不可能，但企业大时，选择小规模却是可能的，比如将一个较大规模的企业从法律意义上拆分为几个"小型微利企业"总是可能的，尤其是连锁企业。

对于小型企业，还有一种纳税方式上的选择：核定征收和查账征收。核定征收就是税务部门给企业核定每月纳多少税，或者核定利润率，将核定利润作为计税基础。查账征收就是建立完善的财务账目，按实际销售收入和相应的税率计算缴纳税款。

◎一般纳税人和小规模纳税人

就增值税而言，我们要重点考虑一般纳税人和小规模纳税人两种形式的选择。因为税负存在差异。

《中华人民共和国增值税暂行条例》（以下简称《增值税暂行条例》）第二条规定了一般纳税人的适用税率：

（一）纳税人销售或者进口货物，除本条第（二）项、第（三）项规定外，税率为13%。

（二）纳税人销售或者进口下列货物，税率为9%：

1. 粮食、食用植物油；

2. 自来水、暖气、冷气、热水、煤气、石油液化气、天然气、沼气、居民用煤炭制品；

3. 图书、报纸、杂志；

4. 饲料、化肥、农药、农机、农膜；

5. 国务院规定的其他货物。

（三）纳税人出口货物，税率为零；但是，国务院另有规定的除外。

（四）纳税人提供加工、修理修配劳务（以下称应税劳务），税率为13%。

《增值税暂行条例》第十二条规定，"小规模纳税人增值税征收率为3%。"

很多人认为一般纳税人的税负比小规模纳税人税负低，其实并不尽然。如果一般纳税人企业的供应商大多是小规模纳税人，这个企业无法从上游企业取得增值税进项发票的话，那么它的增值税税负可能远远高于小规模纳税人。因此，选择哪一种形式，也是需要进行事前测算的。

营改增试点过程中，还增加了6%和9%两档增值税税率。

◎多种形式的企业并存

节税工程是跨系统甚至跨企业的节税行为，当企业形式越多越复杂时，节税工程实施的空间也就越大。因此，除非是创业初期资金非常有限，我们都建议投资者成立多个企业，不同企业采取不同的形式，从而形成税负落差，为税负转嫁创造条件。2009年,《特别纳税调整实施办法(试行)》出台后,这种利用税负落差转嫁税负变得更为困难,稍不注意就可能与法规相抵触,但基本的思路还是可以继续运用。

我们可以形象地用两个杯子来表示不同形式企业之间的税负。如图6-1所示,将两个不同的企业比作两个不同的杯子,假如从A杯里倒出水时,税务部门收取25%的税,而从B杯里倒出水时,税务部门收取15%的税,那么,我们主观上就会想一个符合税收法规的方法让B杯尽量多装水,让A杯尽量少装水。这里的水就代表产品,倒水代表产品销售,装水代表产能分配。产能分配不同于利润转移,利润转移是避税,是打击的对象,而产能分配是合法的,企业投资者有权安排各个企业产能的多少。

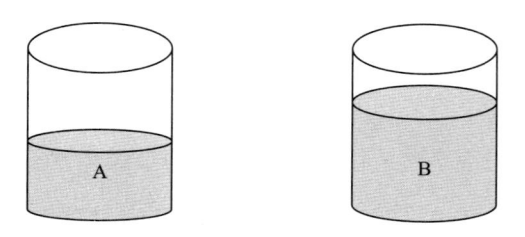

图6-1 税负落差示意图(产能调节)

2） 控制方式

都江堰是对水的控制，企业则要寻求对税的控制。都江堰对外江控制弱，对内江控制严；对外江控制方式简单，主要是规顺其流，对内江控制复杂——设置虎头岩、飞沙堰、溢洪道、宝瓶口等。节税人员面对不同的关联企业，也要采取不同的控制方式和力度。

我们这里所说的控制方式，指的是股东以产权为纽带对自己所投资的企业采取什么样的控制方式，而不是单个企业内部的控制方式。单个企业内部采取何种控制方式，只是管理手段不同而已，与节税工程关系并不密切。

我们在这里主要从两个方面去讨论控制方式：一是是否注册集团公司，二是控股还是不控股。

◎是否注册集团公司

成立集团公司的条件有四个：一是企业集团的母公司（核心企业）注册资本在5000万元人民币以上，并至少拥有5家子公司；二是母公司（核心企业）和其子公司的注册资本总和在1亿元人民币以上；三是企业集团的母公司（核心企业）应登记为有限责任公司或股份有限公司，全民所有制企业可以作为核心企业组建企业集团，但注册资金应在 1 亿元人民币以上；四是集团成员单位均具有法人资格。

在现实当中，有很多企业具备注册集团公司的条件，却没有注册集团，而是以"虚拟集团"的方式进行管理，财务部门站在一个从法律意义上并不存在的虚拟集团角度合并报表，并将报表报送给股东。

比如，有五个相互独立的企业，都是同一个老板投资的，条件符合注册集团公司，老板没有去注册一个集团公司，但他要求财务部每月向他提供五个公司的合并报表。于是，从财务角度，就必须有一个虚拟的集团公司，五个子公司向上合并报表，如图 6-2 所示。

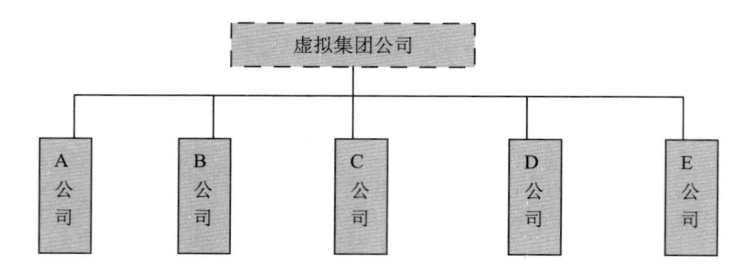

图 6-2　虚拟集团控制形式

同时，我们也注意到，现实中有很多老板，为了显示自己有实力，以便更好地开拓市场、更好地做生意，明明不具备集团公司的条件，也号称集团公司。这个时候，财务常常也需要设一个虚拟集团，以此为核心合并报表。

是否注册集团公司，除了对企业的管理控制方式不同外，对税收也有很大的影响。

《中华人民共和国企业所得税法》（以下简称《企业所得税法》）第五十条规定，"居民企业在中国境内设立不具有法人资格的营业机构的，应当汇总计算并缴纳企业所得税。"事实上，很多集团公司结构为母子公司结构，母公司和子公司都是独立的法人，不能汇总缴纳所得税，成立集团公司的税收意义已经不大了。

此外，中华人民共和国国家税务总局公告 2016 年 42 号对企业关联交易也有明确的规定，这些规定甚至称得上"相当严格"，其中列举的八种关联类型基本上涵盖了所有可能存在的关联关系，传统的避税和纳税筹划在这方面基本上没有多少实施空间了。而且，当关联关系存在时，纳税人员的人力成本也会大大增加。企业进行关联申报，要报送相关资料，这些资料相当繁杂，在配合税务机关进行关联交易的纳税调整，以及配合反避税调查过程中，也将付出很高的人力成本。

鉴于此，我们认为，从节税工程角度考虑，在不影响经营的前提下，不注册集团公司，而以虚拟集团模式管理是较好的选择。

◎控股与不控股

股权控制是一种非常重要的控制方式。这是在企业诞生之前，就应该考虑的节税行为。这里要考虑股东身份选择和股份比例选择，是以自然人股东身份出现，还是以法人股东身份出现，是控股还是不控股。

如果以法人股东身份出现，当股份达到一定比例时，就需要合并报表，按照权益法进行核算。这种关联关系一方面加大了风险，当一个企业出现大问题，另一个企业可能受到牵连；另一方面更容易引起税务监管部门的关注。而以自然人股东身份出现，一方面不需要合并报表，另一方面关联关系更为隐蔽。有的读者可能会说，这样做会影响企业长远发展，比如将来想运作上市怎么办？如果将来要运作上市，可以实施并购行为，以股权收购等方式将被投资企业"装入"事实上的母公司，并且是根据需要来"装",可操作空间非常巨大,做业绩题材也丰富。

再看是否控股问题。国家税务总局公告 2016 年 42 号就是以控股比例来认定是否具备关联关系的:

> 一方直接或间接持有另一方的股份总和达到 25% 以上,双方直接或者间接同为第三方所持有的股份达到 25% 以上。如果一方通过中间方对另一方间接持有股份,只要其对中间方持股比例达到 25% 以上,则其对另一方的持股比例按照中间方对另一方的持股比例计算。

在这里,25% 的持股比例是一个分界线。该办法"以上"是包括本数的,也就是说,当持股比例达到 25% 时,就是关联企业了。很多企业为了规避这个关联关系,设置了"影子股东"。

"影子股东"就是挂名股东,不是真正的股东。也就是说,有的企业表面上有几个股东,比如张三和李四,可事实上这个公司却是个人独资企业,张三或李四只是挂名,也就是影子股东,不是真正意义上的股东。还有一种情形是,张三和李四都是挂名的,真正的股东根本没有出现在股东名册上(有些官员或公务员就是这样当股东的)。"影子股东"应当是真正的股东可以完全控制的人,否则可能产生产权纠纷甚至诉讼,虽然最终因为影子股东未持有出资证明文件而无法取得事实上的股权,但解决纠纷和诉讼都是很费时费力的事情。

当某企业事实上控股另一企业时,比如持股51%,避税人员便会建议企业持股24%,另外找两个"影子股东"持有另外的27%。"影子股东"的做法,是一种较为隐蔽的避税手段,属于反避税范畴,我们在此不提倡。我们的建议是:除非是经营所必须或产权保护需要,企业与企业之间尽可能不控股。

特别说明:

"分江",通常是化整为零,一条江分为多条江,比如将一个企业分拆为多个企业。有时候,也可以理解为"增加一条江",从而实现一条江到多条江的转换。比如，新成立一家企业，或者收购一家企业，与原来的企业成上下游关系或平行运作。

6. 节税工程三大手段（2）："调水"——在地域上或产业上合理布局生产资源和生产能力

都江堰对水进行调节，实质上是对水进行统筹规划——根据需要，让其流入外江或内江，内江水多了，进一步根据需要调节，真是巧夺天工。从节税角度理解，"内江"和"外江"既可以视为不同的地域，也可以视为不同的产业。

在地域上合理布局生产资源和生产能力，主要是从经营角度来考虑的。比如，某企业产品行销全国，生产基地却位于珠海，其产品的运输半径相当长，运输成本相当高。这时，这家企业可能考虑在中原地带再设置一个生产基地，以缩短运输半径。这一行为就是合理布局生产资源和生产能力。

从税收角度考虑在地域上合理布局生产资源和生产能力，则是基于不同地方税收优惠不同，存在事实上的税负落差：

(1)《企业所得税法》第二十九条规定：

"民族自治地方的自治机关对本民族自治地方的企业应缴纳的企业所得税中属于地方分享的部分，可以决定减征或者免征。自治州、自治县决定减征或者免征的，须报省、自治区、直辖市人民政府批准。

另外，西部大开发也有一些税收优惠政策，进入这些地区和不进入这些地区，税负不一样。有人会说，这些地方都是落后地方，谁去啊？当然有人去，即使不去的人，也可能为了节税而在那里办一个关联子公司。

(2) 虽然所得税法做了修改，但某些地方政府为了招商引资，制定了相应的优惠政策，比如税收地方留成部分返还给企业（甚至流转税也返还，操作手法是用财政资金以"奖励"或"补贴"名义返还，税务这边全额照收，收支两条线，上级税务部门来检查都未必能够发现），进入该行政区域和不进入该行政区域，税负不一样。

（3）某些区域为了"放水养鱼"，对进入本区的企业，大多实行核定征收，并且核定的额度相对偏低，进入该区域和不进入该区域，税负不一样。

（4）某些地方为了吸纳税源，搞"总部基地"，生产经营其实都不在该区域，不过是设置了一个"总部"，甚至只是租了几间房子在那里。虽然只是一个形式，但好处却是很多，该区域对这些"总部"实行暗地里的税收返还和财政"奖励"。

除了《企业所得税法》第二十九条规定的地区优惠是堂而皇之的优惠外，上述后三种情形常常是"曲线"优惠，税款从税收口进，从财政口出，表面看起来和税收丝毫不沾边，致使税务部门无法监管。地方政府怎样操作，是地方政府的事情，风险也在地方政府，作为企业一方，不妨充分利用这种地域税负落差。

当只有一个企业时，在不违背经营整体利益前提下，尽可能选择事实税负低的地域投资建企业。不过，节税工程通常要求投资者在条件具备的情况下，多点布局，就是同时设置几个生产基地，根据税负落差安排产能，税负低的地方多产出，税负高的地方少产出，同时根据《特别纳税调整实施办法（试行）》的规定，运用节税工程"远离法规或靠近法规"的指导思想，实现成本和费用的合法转移。

在地域选择时，节税工程实施人员要有全局意识，就如同下一盘大棋，整个中国甚至全世界就是你的棋盘，你的落子除了要从经营角度考虑外，还要从税法角度考虑，以实现利益最大化。

在新税法之下，"区域优惠"已经转为"产业优惠为主，区域优惠为辅"。但在现实工作中，老板投资什么产业，其实是早已成定局，是不容易改变的，也不是财税人员提个建议就可以改变的。比如，老板熟悉房地产行业，你却让他投资文化产业，那不是葬送他的前途吗？所以，我们这本书，还是首先考虑"区域优惠"，充分利用这些节税空间，其次才考虑产业优惠。

产业布局的优惠政策依据是：

（1）《企业所得税法》第二十五条："国家对重点扶持和鼓励发展的产业和项目，给予企业所得税优惠。"

（2）《企业所得税法》第二十八条："国家需要重点扶

持的高新技术企业,减按15%的税率征收企业所得税。"

(3)《企业所得税法》第三十一条:"创业投资企业从事国家需要重点扶持和鼓励的创业投资,可以按投资额的一定比例抵扣应纳税所得额。"

这里国家重点扶持和鼓励发展的产业、项目在《国家重点支持的高新技术领域》有详细的规定,读者可以通过网络查找。

特别说明:

上述"调水",是在"空间"上调节。

基于推迟纳税目的的行为,也属于"调水"范畴,是在"时间"上调节。这如同都江堰根据季节不同而调节水量。

7. 节税工程三大手段(3):"裁角"——整合及再造企业经营流程

都江堰的"裁角"具有四种含义,企业的"裁角"也有四种含义。

第一，把一个"角"裁下来，丢弃。比如，将"税负高点"环节外包，出售某项业务或某个企业，将"弯"拉"直"等。

第二，把一个"角"裁下来，让它独立，继续发挥作用。比如，将运输部门独立为一个公司，将销售部门独立为一个公司（房地产公司普遍这样做）。

第三，具有"裁剪"之意，像裁衣服的师傅一样，裁出花样来。这种表现就更多了，比如，将销售分为几种实现方式，从中选一种最有利于节税的。

第四，假设别人已经给我们裁好了一个"角"，我们拿过来拼在自己的企业上，使之成为我们的一个"角"。比如，制造企业向上游收购原材料供应企业，房地产企业收购建筑公司，日用品企业收购零售商场等。

这些"裁角"，上升到专业表述，就是流行的"整合及再造企业经营流程"。

迈克尔·哈默是美国当代著名的管理学家，他提出的"企业再造（Business Transformation，BT）"理论和"业务流程重组（Business Process Reengineering，BPR）"理论风靡全世界。其中"业务流程重组"指的是以业务流程为改造对象和中心，以关心客户的需求和满意度为目标，对现有的业务流程进行根本的再思考和彻底的再设计，利用先进的制造技术、信息技术以及现代的管理手段，最大限度地实现技术上的功能集成和管理上的职能集成，以打破传统的职能型组织结构，建立全新的组织结构，从而实现企业经营在成本、质量、服务和速度等方面的巨大改善。

由于节税工程是一个牵一发而动全身的系统性工程，要有效地实施，必须对企业现有流程乃至与流程有关的人员、人员权力和责任进行梳理、改善和重新设计。因此，我们在这里套用业务流程重组的理论，当现有流程妨碍节税工程的实施，或者与节税工程的实施不相适应时，就需要对企业经营流程进行整合及再造。我们可以对节税工程中的业务流程重组做如下定义：

节税工程中的业务流程重组，指的是以节税为目的，对现有的业务流程进行根本的再思考和再设计，利用先进的管理手段，最大限度地实现资源的集成，以打破传统的职能组织分隔，化解节税阻力，从而实现综合税负最小化和综合利益最大化。

我们这里所说的流程重组，可能是单个企业内部流程的重组，也可能是多个企业整体流程的重组（常常伴随企业形式、组织结构和控制方式的变革），后者节税空间比前者大得多，前者常常是基于消除节税阻力，后者除了消除阻力外，常常可以直接产生节税额。

整合及再造企业经营流程，常常可以产生新的节税空间。

除了流转税，所得税也可以通过流程改造来节税。例如，某制造企业产品生产出来后，由销售部门发往各经销商。2008年度收入总额为1亿元，业务招待费为100万元（实际发生额的60%，下同）。按现行税法规定，该企业业务招待费超支额为：100万元-(1亿元×0.5%)=50万元。如果再造企业经营流程，该企业将销售部门剥离出去，设立一家具备独立法人资格的销售公司，制造企业将生产出来的产品销售给销售公司，总价为9 000万元，销售公司再销售给经销商，总价为1亿元。在开支业务招待费时，制造公司和销售公司各承担一半，各开支50万元。如此一来，制造公司业务招待费超支额为：50万元-(9 000万元×0.5%)=5万元，销售公司业务招待费超支额为：50万元-

（1亿元×0.5%）=0万元。很显然，业务流程再造之后，纳税调整总额由原来50万元降低为5万元了，企业少缴纳所得税为：45万元×25%=11.25万元。

有的人可能会说，变革企业形式或组织结构，动作太大了，运作起来很困难。事实上，在很多时候，只不过是增加一张营业执照，再增加一套财务账务而已，原来的一切并没有多大变化。

在有的时候，虽然不会产生新的节税额，但迫于税务压力，也有必要对流程进行再造。这里有一个案例，某企业总部在GZ省省会城市，另有一个非独立法人的A生产基地在GZ省某地级市。A生产基地生产出产品后，运往总部，再由总部统一发往全国各大经销商。A生产基地不具备独立法人资格，税收可以合并到总部缴纳，但A生产基地所在地税务局出于保护当地税源考虑，要核定A生产基地的产值，并要求其缴纳增值税和所得税。经协商，税务局要求A生产基地注册独立法人，并申报为一般纳税人。该企业按照税务局的意思办理了，业务流程却没有变，依然是产品运往总部，总部再卖出去。为了适应A生产基地所在地税务局的要求，A生产基地向总公司开出增值税发票，总部用以抵扣。由于没有新的增值额，总部再销售出去时，是平价出去，自然不会产生增值税。这样一来，总部所在地税务局又有意见了：你这么大额度的进出，没有税收，怎么说得过去？迫于压力，总部改变了业务流程：依然是总部统一配货，但A生产基地的产品直接发往全国各地经销商。如此一来，A生产基地所在地税务局和总部所在地税务局都没有意见了。

8. 节税工程实施思路：节税三问

上面我们讲述的节税工程的三大手段，并不表示每一个节税案都要用到这三个手段，有时可能用到一个，有时可能用到两个，有时也可能三个都用。

当面对一个节税案时，我们可以问自己三个问题（我们称之为"节税三问"）：

（1）"分江"，变通一下企业组织形式和控制方式，有节税空间吗？

（2）"调水"，在地域、产业、时间上布局产能，有节税空间吗？

（3）"裁角"，改变一下经营业务流程，能否节税？

对这三个问题逐一思考，通常就能够找到突破口。这三个问题基本上涵盖了所有大手笔的节税点。

传统纳税筹划的很多方法，其实存在诸多前提条件，并不适合所有企业。比如，在一本纳税筹划书中提到一个案例，为了降低整体消费税，将一个生产白酒的上游企业和一个生产药酒的下游企业合并，理由是药酒消费税税率低。这的确是一个好方法，但是，天底下有几个企业愿意这样合并呢？我们的"三大手段"却是适用于所有企业的，无论你是什么行业，无论你是什么产品，从三大手段出发，都能够找到节税点。

第 7 章
小企业怎么办

有不少财务人员问郑仪:"你推出的节税工程,只适合大中企业吧?我们小企业又怎么去'分江'、'调水'和'裁角'呢?"这的确是一个问题。你总不能建议一个刚刚创业的,总共就几个人的企业"化整为零"吧?

针对这个问题,郑仪做了深入的研究,得出的结论是:小企业,依然适用节税工程。

1. 大中企业两个方面的应用

本书前面讲到的,基本都是针对大中企业而言的,因为只有具备一定规模、业务量较大的企业，才具备将企业"化整为零"（分江），以及在企业与企业之间调节产能和利润（调水）、变革经营流程和模式（裁角）的能力。

但这只是大中企业应用节税工程的第一个方面，一个企业化整为多个企业，这些企业本质上是关联企业，仍然可以视为一个企业，因此，我们称这一个方面的应用为"全局的应用"。

那么，第二个方面的应用是什么呢？

节税工程的方法，不仅仅适用于关联企业之间的"大手笔"运作，也适用于企业内部具体涉税业务的筹划。这一方面的应用，我们称之为"局部的应用"。

"全局的应用"和"局部的应用"两者的关系是密不可分的。两个方面可以单独应用，但前者常常离不开后者，我们在全局角度使用"分江"、"调水"和"裁角"三大手段，找到突破口和节税点时，离不开在局部应用"分江"、"调水"和"裁角"。

2. 小企业怎么办

小企业的应用，相当于大中企业应用的第二个方面，即"局部的应用"：在企业内部，对具体的某个涉税业务进行"分江"、"调水"和"裁角"。

既然是企业内部，是局部，那么，我们就要重新定义"分江"、"调水"和"裁角"了。

小企业的"分江"，不是对企业化整为零，而是将具体的业务化整为零，这里的"江"是某项业务或某类业务，不是某个企业。这里的"分"，则包括两种情形：兼营或混和业务的分拆（实为不同性质收入的分拆）、不同性质费用的分拆、涉及税收优惠的收入与不涉及税收优惠的收入分拆。

小企业的"调水"，不是企业与企业之间的调节，而是针对具体的业务进行调节：不同性质收入的调节、不同性质费用的调节、涉及税收优惠的收入与不涉及税收优惠的收入调节、纳税时间调节、与临界点的距离调节、收入调高或调低、成本费用调高或调低。

小企业的"裁角",和大中企业的"裁角"基本是一致的,是对业务流程进行再造,选"直线"还是"曲线",在多种运作方式中选择某一种方式,从而达到节税的目的。

3. 局部"分江"

局部的"分江",主要表现在三个方面,这些方面无论是大中企业还是小企业,都是适用的:

1) 兼营或混和业务的分拆(不同性质收入的分拆)

根据《中华人民共和国增值税暂行条例》、《中华人民共和国增值税暂行条例实施细则》及相关规定,企业存在兼营不同税率的业务(不同税率的增值税)、存在混和业务(适用不同税目的业务)两种情形时,如果不分别核算或不能准确地分别核算的,总的原则是"从高计征"。具体地说:

第一,涉及不同税率的增值税,不分别核算或不能准确地分别核算，从高税率计征；

第二，混和业务，不分别核算或不能准确地分别核算，则由税务机关来核定，税务机关往往也是从高计征，以保证税收收入。

此外，如果涉及出口退税，没有分别核算，就从低退税。

上述政策思想，是促进企业进行分别核算——"分江"，同时，也给我们留下了节税空间，主要表现在两个方面：

第一，分别核算——"分江"，即可以节税。

第二，兼营业务，尤其是混和业务，实行"四六分水"，还是"六四分水"，往往企业可以主导。比如，自产自销一项大型设备，涉及较多的安装服务，那么，销售收入和安装收入各占多少，企业可以主导，只要不明显偏离实际，税务部门都是会认可的。

在很多时候，为了让不同的应税收入分得更具体，在与客户签定合同时，就将合同分拆，比如将一份销售合同分拆为一份销售合同加一份咨询服务合同。销售收入按13%缴纳增值税，咨询服务按6%缴纳增值税。如果进项发票较多,销售收入与咨询收入按"六四分水"更划算;反之,如果进项发票不够,则销售收入与咨询收入按"四六分水"更划算。当然,销售价格不能过于明显偏离市场价格。

2)不同性质费用的分拆

在进行所得税汇算时,我们会发现,会计法规的规定和税法的规定有很大的出入,不同性质的费用,是否允许扣除、允许扣除的限额,在税法上都有明确的规定。比如,业务招待费是"按照发生额的60%,但最高不得超过当年营业收入5‰"扣除,但会务费却可以全额扣除,业务招待费和会务费严格分拆,有利于节税。再比如,《企业所得税法实施条例》规定:"除国务院财政、税务主管部门另有规定外,企业发生的职工教育经费支出,不超过工资薪金总额8%的部分,准予扣除;超过部分,准予在以后纳税年度结转扣除。"当某一个咨询公司为企业提供培训时,企业如果把其中一部分费用分拆为咨询费,则咨询费部分可以全额扣除。

3) 涉及税收优惠的收入与不涉及税收优惠的收入分拆

收入是否涉及税收优惠，有两种情形：

第一，由企业所从事业务本身带来的优惠，比如所得税法规定"从事农、林、牧、渔业项目的所得"免征所得税。

第二，收入本身性质决定的税收优惠，比如国债利息收入、居民企业之间的权益性投资收益、财政性资金（财税〔2011〕70号）、地方政府债券利息收入（财税〔2011〕76号）等免征所得税。

郑仪的一个朋友开了一家食品公司，有两个基地：A基地养猪，B基地加工冷鲜肉销售。养猪卖猪，是免增值税（见《增值税暂行条例》第十五条）和所得税（见《企业所得税法》第二十七条）的，而加工冷鲜肉既要缴纳增值税又要缴纳所得税。在郑仪的建议下，这个朋友首先是"分江"——把两个基地的收入分开，然后通过价格手段调节两个基地的销售收入，从而达到降低税负的目的。

4. 局部"调水"

局部"调水",无论大中企业还是小企业,都是通用的。

有了"分江","调水"就顺理成章了。局部"调水"首先表现在以上述"分江"为基础的三个方面:

(1) 不同性质收入的调节。水往低处流,税挑少的缴。假如缴税多的收入,相当于都江堰的"外江",缴税少的收入相当于"内江",那么,就尽可能在不违法的前提下让"内江"水多一些,让"外江"水少一些。比如,某咨询公司既做咨询也卖教材,咨询服务按6%缴增值税,卖教材免增值税,这种情况下,就可以让教材的价格高一些,让咨询服务的价格低一些。

(2) 不同性质费用的调节。如果税前允许多扣的费用是"外江",扣除有限制的费用是"内江",那么,就尽可能在不违法的前提下,让"外江"水更多一些,多扣费用,减少利润,从而降低所得税。在土地增值税方面,也有操作空间。在计算土地增值税时，取得土地使用权支付的金额、开发土地和新建房及配套设施的成本是可以加计扣除的，其余则不能。如果能够将可以加计扣除的"调高"，则可以减少土地增值税。

（3）涉及税收优惠的收入与不涉及税收优惠的收入的调节。这一点非常好理解，通过调节手段，让享受税收优惠的收入额更大一些，就实现了降低税负的目的。

除了这三个方面外，还有三个方面的局部"调节"：

（1）纳税时间调节。纳税时间的调节，主要是指通过有效的手段，推迟纳税。虽然税款早晚是要缴的，但晚缴可以节省现金流，降低资金占用成本。对于个人所得税，可以在发放时间上面下功夫，比如，将工资和奖金平均发放，避免少数几个月里收入奇高，也能达到永久降税的目的。

（2）与临界点的距离调节。对于采取超额累计计税的税种，临界点就相当重要。比如个人所得税，有时多发一元钱的奖金，就可能多缴几百甚至几千元的税，得不偿失。再比如土地增值税，房屋销售定价高一点点，却可能多缴相当多的土地增值税，得不偿失。下面举一个土地增值税

的案例:

某房地产企业建造一批普通标准住宅出售,土地使用权取得成本为 1 000 万元,土地开发费用 500 万元。房屋及配套设施成本以及转让房地产税金共为 10 000 万元。在定价时,管理层举棋不定,销售部门主张总价 16 600 万元(数字吉利),财务部门主张 16 500 万元。

销售部门方案:按 16 600 万元出售

土地增值税加计扣除额为

(1 000+500+10 000)×20% = 2 300(万元)

土地增值额为

16 600−1 000−500−10 000−2 300 = 2 800(万元)

增值率为

2 800÷(1 000+500+10 000+2 300) = 20.29%

增值率超过 20%,应纳土地增值税,税率为 30%。

应纳土地增值税为

2 800×30% = 840(万元)

所得税前利润为

2 800+2300−840 = 4 260(万元)

所得税为

4 260×25% = 1 065（万元）

所得税后利润为

4 260-1 065 = 3195（万元）

财务部门方案：按 16 500 万元出售

土地增值税加计扣除额为

(1 000+500+10 000)×20% = 2 300（万元）

土地增值额为

16 500-1 000-500-10 000-2 300 = 2 700（万元）

增值率为

2 700÷(1 000+500+10 000+2 300) = 19.57%

增值率未超过20%，免征土地增值税。

应纳土地增值税 0 万元

所得税前利润为

2 700+2300-0 = 5 000（万元）

所得税为

5 000×25% = 1 250（万元）

所得税后利润为

5000-1 250=3 750（万元）

显然，应该支持财务部门的意见，该批普通标准住宅总价定为 16 500 万元。

（3）收入调高或调低，成本费用调高或调低。基于"收入-成本费用=利润"这个基本公式，企业在粉饰财务成果方面做尽了文章，而且这种粉饰已经被绝大多数财务人员所掌握。想让利润多点，比如报表要给银行或给股民看，就想方设法调高收入，调低成本费用，从而增加利润；想利润少点，比如报表要给税务部门看，就想方设法调低收入，调高成本费用，从而让利润减少，达到减少所得税的目的。

5. 局部"裁角"

这里的"裁角"和节税工程三大手段的"裁角"是一致的。无论是大中企业，还是小企业，在节税方面，局部"裁角"都应用得十分普遍，它是最常见的节税措施之一。

在形式众多的"裁角"中，最常见的有两种情形：一是选择"直线"还是"曲线",二是选择 A 方式还是 B 方式(裁剪)。选"直线"就是原本有一个"角",将之裁掉(丢弃);选"曲线"就是原本没有角,增加一个"角"(把别人的"角"拿来)。选"直线"还是"曲线",在小企业用得比较少,操作起来难度也比较大,但在大中企业用得比较多。但选 A 方式还是 B 方式,在小企业却非常普遍。这时的 A 方式、B 方式只代表两种方式,怎么称谓并不重要。有时候,可能是三种甚至更多的方式供选择。

对很多经营行为,我们都可以通过"换方式"来实现节税,这里的"换方式"也可以表述为"裁剪",像裁衣服的师傅一样,裁出花样来。

【例1】先包装后销售,还是先销售后包装。

习惯上,工业企业销售产品,都采取"先包装后销售"的方式进行。如果改成"先销售后包装"的方式,可以大大降低消费税税负。

甲日用化妆品公司,将生产的高档化妆品、工艺品等组成成套消费品销售。每套消费品由下列产品组成:化妆品包括粉饼(40元)、眼影(30元)、口红(30元)、化妆工具(30元)、塑料包装盒(5元)。高档化妆品消费税税率为15%。按照习惯做法，将产品包装后再销售给商家。每套产品应纳消费税=(40+30+30+30+5)×15%=20.25元。若改变做法，将上述产品先分别销售给商家，再由商家包装后对外销售，并将产品分别开具发票，账务上分别核算销售收入，应纳消费税=(40+30+30)×15%=15（元）。每套化妆品节税额=20.25-15=5.25元。

【例2】打折促销、送券促销还是返现促销。

某时装经销公司以几项世界名牌服装的零售为主，商品销售的平均利润为30%。该公司准备在2010年春节期间开展一次促销活动，以扩大其在当地的影响。经测算，如果将商品打八折让利销售，企业可以维持在计划利润的水平上。

在其他因素不变的情况下，对于一项促销活动而言，税收是活动成败的重要因素，所以经营者充分考虑到了这一项活动的涉税问题。该公司请某税务咨询公司的专家以10 000元销售额为一个单元做基数，做出了以下三个操作方案。

方案一　让利20%销售商品

让利销售是在销售环节将商品利润让渡给消费者，让利20%销售就是将计划作价10 000元的商品作价为8 000元（购进成本为含税价7 000元）销售出去。

在其他因素不变的情况下,企业的税利情况是:

应纳增值税税额为

$$8\,000÷(1+13\%)×13\%-7\,000÷(1+13\%)×13\%=115.04\,(元)$$

应纳企业所得税税额为

$$[8\,000÷(1+13\%)-7\,000÷(1+13\%)]×25\%=221.24\,(元)$$

在方案一所设定的条件下,企业的税后实际利润为

$$8\,000÷(1+13\%)-7\,000÷(1+13\%)-221.24=663.72\,(元)$$

方案二 赠送价值20%的购物券

消费者凡购买价值10 000元的商品,企业就赠送2 000元的商品。该业务比较复杂,需将其每个环节作具体的分解,计算缴税的情况如下:

公司销售10 000元商品时

应纳增值税税额为

$$10\,000÷(1+13\%)×13\%-7\,000÷(1+13\%)×13\%=345.13\,(元)$$

赠送2 000元的商品,按照现行税法规定,应作视同销

售处理。

应纳增值税税额为

2 000×30%÷(1+13%)×13%=69.03（元）

合计应纳增值税税额为

345.13+69.03=414.16（元）

应纳企业所得税为

12 000÷(1+13%)×30%×25%=796.46（元）

在方案二所设定的条件下，企业的税后实际利润为

10 000÷(1+13%)×30%-2 000÷(1+13%)×(1-30%)-796.46=619.47（元）

方案三　返还20%的现金

应纳增值税税额为

10 000×(1+13%)×13%-7 000÷(1+13%)×13%=345.13（元）

赠送的现金及代顾客缴纳的个人所得税款不允许在税前扣除。

应纳所得税税额为

(10 000-7 000)÷(1+13%)×25%=663.72（元）

在方案三所设定的条件下，企业税后实际利润为

(10 000 - 7 000) ÷ (1 + 13%) - 2 000 - 663.72 = -8.85（元）

对比三个方案：

方案一，企业销售 10 000 元的商品，可以获得 663.72 元的税后净利润。

方案二，企业销售 10 000 元商品实际支出价值 12 000 元的货物，可以获得 619.47 元的税后净利润。

方案三，企业销售 10 000 元的商品，另外还要支出 2 000 元的现金，结果亏损 8.85 元，如果从税收政策角度来看，显然，该方案最不可取。

第 8 章
节税工程辅助措施

"节税工程"在 2010 年首次以图书形式面世时，曾经抛出"颠覆传统纳税筹划"的提法，经过三年的实践证明，这一提法是不完善的。

在实施过程中，节税工程所使用到的很多辅助措施，和纳税筹划的一些基本方法是一致的。如果要完善"颠覆传统纳税筹划"这一提法，可以这样描述：在一座节税金字塔中，节税工程的方法论和基本思想位于顶端，节税工程的两大基石、三大手段位于中间，节税工程的辅助措施位于金字塔的底部，这些辅助措施和传统的纳税筹划方法是一致的，如图 8-1 所示。

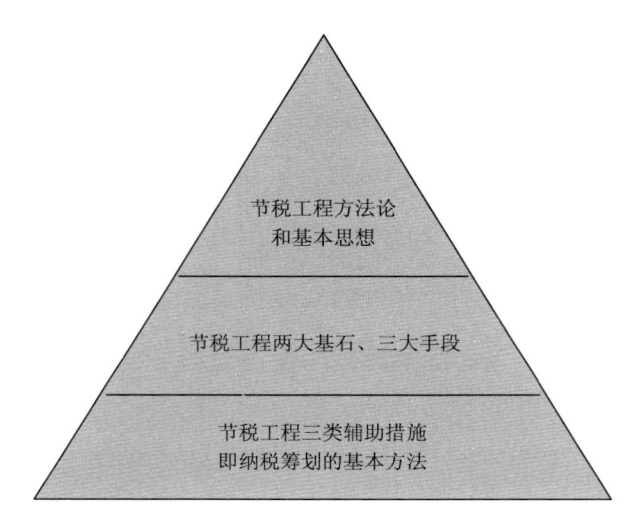

```
        ╱╲
       ╱  ╲
      ╱节税工程方法论╲
     ╱  和基本思想  ╲
    ╱──────────────╲
   ╱ 节税工程两大基石、三大手段 ╲
  ╱────────────────────╲
 ╱  节税工程三类辅助措施    ╲
╱   即纳税筹划的基本方法     ╲
──────────────────────────
```

图 8-1　节税工程与纳税筹划的关系示意图

归纳起来，节税工程的辅助技法主要包括三类。纳税筹划的基本方法很多，有的税务专家将其归纳为上百种。归纳得过于复杂，反而不利于掌握和运用。事实上，归纳起来，这些方法只有三类，它们分别是"水量调节"——税基调节法和"落差利用"——税率选择法和"打开宝瓶"——创造优惠法。

1. "水量调节" —— 税基调节法

有一个企业家怎么也分不清流转税和所得税，便来请教郑仪。

"水就是税。"郑仪想了想说，"假设有一条内陆河，源头在高山，终点在一个内陆湖泊，而且这条河是湖泊唯一的水源。在这条河流经之地，有人从河中取水；在湖泊所在地，有人从湖泊中取水。河流相当于业务流，湖泊相当于最后赚的钱。河流流经之地的人们取的水，就相当于'流转税'，你从我这里过，就得给我钱！湖泊所在的人们取的水，就相当于'所得税'——你赚了钱，得分点给我！"

听郑仪这么一说，企业家明白了。

节税工程的第一个辅助措施，灵感就来自于郑仪的"河流与湖泊"的比喻。无论是河流还是湖泊，如果水本身很少，取水的人所取的水量也就少，如果水已经干了，取水的人也就无从取水了。

税基调节，也就是水量调节。在节税工程理论体系中，水量调节是最常见的一个思路，"四六分水"还是"六四分水"，都根据纳税需要来考虑。

所谓税基，就是计税的基础，或者说计税的基数，也称作计税依据。比如，流转税的计税依据为销售额或营业额，所得税的计税依据为应纳税所得额，房产税的计税依据为房产账面原值或租金额。

税基调节法，就是纳税人利用市场经济中经济主体的自由定价权，以价格的上下浮动作为节税规划的操作空间，或者是利用对成本核算方法的选择权，从而达到少纳税或推迟纳税义务发生时间的目的。这一方法，也常常被称作"转让定价法"。

税基调节法，概括起来又包括下面3种形式。

1）税基转移

税基转移，就是将计税基数从一个纳税人转移到另一个纳税人。当然，前提是这两个纳税人属于同一利益团体，不然就肥水流到外人田了。此外，两个纳税人还得有税负落差，转移才有利可图。

这一方法是充分利用享受税收优惠的关联企业来实现，将增值或利润尽可能地在享受税收优惠政策或处于低税率地区（或产业）的企业实现（有时出于经营和经济目的，也可能反向操作）。比如福利企业和其关联企业之间的转移、高新技术企业与其法人股东之间的转移、母子公司之间的转移、国内外企业之间的转移等。

虽然包括《特别纳税调整实施办法（试行）》在内的相关法规对税基转移的限制越来越严格，但这种方法依然会一直存在下去，主要原因在于：纳税人定价自主权以及市场的复杂多样性使税务调查难度加大，品牌产品、专利产品等不可比因素日益增加，衡量无形资产交易价格、特许权使用费等方面的尺度本身难以掌握。

2) 税基延迟

税基延迟就是让计税依据从眼前推迟到未来，从而让纳税义务延迟发生，企业获取货币时间价值并缓解目前资金压力。税收法规中有关于递延纳税的直接规定，此外，纳税人可利用对会计政策和税收政策的选择来达到调节税基期间分布的目的。税基延迟,道理相当于都江堰根据不同季节对水量的需求不同而调节水量。

这种行为表面上看并没有减少税额,早晚还是得缴纳相对应的税款。但是,对资金运用有一些了解的读者都知道,推迟纳税义务,原本用于纳税的资金用于经营,每周转一次,就获取一次资金额乘以纯利率的利润。

税基延迟,包括以下两种最常见的方式:

第一,推迟收入确认。在收入确认时间上下功夫,是税基延迟的一种重要方式。我们在从事税务咨询和税务检查过程中发现,不少企业充分利用"分期收款发出商品"这个科目,同时在销售合同中约定具体的收款时间,这就是税基延迟的典型操作手法。

第二,合理安排亏损弥补。合理安排亏损弥补,也是税基延迟的重要方式。比如,以前年度有巨额亏损未弥补时,纳税人常常将当年利润"做大",用亏损相抵后,依然不用缴多少所得税。反之,如果无以前年度巨额亏损需要弥补,纳税人则常常将利润"做小"。

此外,在有的企业重组过程中,也可能实现税基延迟甚至不纳税,比如甲企业想购买乙企业某宗土地,一旦购买，就涉及资产交易的增值税、土地增值税、所得税、契税等等。但如果两个企业实行重组合并，甲企业整体吸收合并乙企业，资产交易涉及的增值税、所得税、契税等不再缴纳，而土地增值税的缴纳时间也因此延迟。

3) 税基降低或控制

税基降低或控制是单个企业内部经常使用的节税方法，无论偷税、避税、纳税筹划还是节税工程都常常用到，所不同的是，纳税筹划和节税工程是采取的合法方式。税基降低就是使计税依据降低，税基控制就是通过各种交易文书和票据使计税依据控制在某一水平。

关于税基降低或控制的形式是多种多样的。增值税实际上是对销售增值额纳税，如果将增值额控制在较低水平，缴税就较少；所得税是按照利润额来纳税，如果加大成本费用，将利润降低，也就达到了降低所得税的目的。

所谓控制，要全面考虑。例如，某制造企业年年广告费和业务招待费超标，于是将销售部门独立出去，注册为一家独立的销售公司，广告费和业务招待费再也不超标了。但因为该制造企业位于一个偏远地区，按1%缴纳城建税，而销售公司位于中心城市按7%缴纳城建税,很显然原来全部由制造企业缴纳的城建税现在由销售公司缴纳一部分时,企业反而是增加了税负。

于是,该制造企业与销售公司签了一个代销合同,将销售公司的增值额限制得很低,大部分增值税还是制造企业缴纳,销售公司只缴纳小部分,城建税的税基是增值税,因为销售公司增值税转移到了制造企业,城建税相应地就少缴纳了。假设原来制造企业每件产品按100元的不含税价格销售给销售公司,销售公司按150元的不含税价格再卖出去,销售公司每件产品的增值税是150元×13% - 100元×13% = 6.5元,相应的城建税是6.5元×7% = 0.455元。如果制造企业按140元的不含税价格将产品销售给销售公司,销售公司依然按150元的不含税价格再卖出去,则销售公司每件产品的增值税为150元×13% - 140元×13% = 1.3元,相应的城建税为1.3元×7% = 0.091元。制造企业将价格由100元提高为140元,销售公司每件产品少缴的增值税6.5元 - 1.3元 = 5.2元则由制造企业来缴,但制造企业是按1%缴纳城建税5.2元×1% = 0.052元,比起由销售公司缴纳5.2元×7% = 0.364元低了许多。

2. "落差利用" —— 税率选择法

"落差利用"是都江堰选址所考虑的重要因素，也是节税工程的重要思想。趋利避害，是节税人员随时要保持的一种姿态，首先找到税与税之间的落差，然后选择对企业节税最有利的途径。

税率选择法指的是，通过规划使应税行为所适用的税率由较高税率合法地转换为较低税率。主要包括 4 种情形：在累进税制下对较高级次边际税率的回避，通过税目间的转换改变适用税率，通过税种间的转换改变适用税率，利用税率优惠向低税率或 0 税率转换。

1）降低边际税率

现行税制中有超额累进税率和超率累进税率两种，前者是个人所得税，后者是土地增值税。对于个人所得税，通常是通过控制超额的额度实现节税；对于土地增值税，通常是通过控制增值率进行税收筹划。

《中华人民共和国土地增值税暂行条例》第七条规定：

> 土地增值税实行四级超率累进税率：增值额未超过扣除项目金额50%的部分，税率为30%。
>
> 增值额超过扣除项目金额50%、未超过扣除项目金额100%的部分，税率为40%。
>
> 增值额超过扣除项目金额100%、未超过扣除项目金额200%的部分，税率为50%。
>
> 增值额超过扣除项目金额200%的部分，税率为60%。

很多房地产企业为了避税，常常设法降低增值额，将增值额控制在扣除项目金额的50%范围之内。这些行为中，有的是合法的，但也有相当一些属于不合法的偷税行为。比如我们在税务检查中就发现，某房地产公司为了少缴土地增值税，与建筑公司勾结起来，虚开发票增加建安成本，双方再从少缴的土地增值税中分成。

2）税目转换

有时候，同一个税种有多个税目，而这些税目之间的适用税率是不一样的。这种税目之间税率的差异存在，为节税提供了空间。税目转换，通常是从高税率的税目转向低税率的税目。

比如，一个老板是拿高工资还是拿股东分红，就需要通过节税安排，因为工资是按超额累进税率计算个人所得税，而分红是按固定的20%缴纳个人所得税。

消费税也存在这种情形，比如啤酒就分为甲类和乙类，甲类按250元/吨征收消费税，而乙类则按220元/吨征收消费税。

再比如A销售公司长期做油漆生意，从油漆生产厂家购进油漆再卖给几家大型家具制造公司。假如该公司每月销售额1 000万元（不含税），对应的购进额为800万元（不含税），那么，该公司每月应纳增值税额为1 000万元×13%−800万元×13%＝26万元。后来该公司与几家大型家具制造公司签订了代购服务协议，按家具制造公司购进油漆的20%收取5%手续费，该公司开具服务收入发票，油漆厂向家具制造公司开具增值税专用发票，家具制造公司直接向油漆厂支付油漆款。如此一来，该公司按6%缴纳增值税，纳税：1 000万元×20%×5%×6%＝0.6万元。

上述这个例子在理论上是成立的，但现实中很难长期存在，油漆不是垄断产品，家具制造公司不会傻到让一个销售公司在中间"吃"一截，除非A销售公司与各家具制造公司有非常特殊的关系，或者就是利益共同体，或者A销售公司的服务的确非常好，好到各家具制造公司不愿意抛弃它。因此，这样的案例，通常只适用于垄断产品的供应，其盈利本身带有"灰色"。

此外，合理安排混合销售及兼营业务，也可以实现税目的转换。比如制造企业运输费通常是并在主营业务中缴纳增值税，但当该企业的销售规模很大时，自己注册一家物流公司，将运输费单独核算，运输费就按9%缴税了。有些企业为了达到避税的目的，甚至与客户串通，人为地降低产品售价，而将售价转移到运输费中去，客户是小规模纳税人，不需要进项抵扣，也乐意配合。

3) 利用优惠政策选择税率

税收优惠如果是免征，就相当于 0 税率；如果减半征收，就相当于降低了一半的税率。利用优惠政策，也是税率选择的重要途径。关于这一点，我们在下文"'打开宝瓶'——创造优惠法"中还将详细讲述。

3. "打开宝瓶" —— 创造优惠法

岷江本来是一条江，李冰通过创造，"鱼嘴劈江"形成了外江和内江；离堆本来不"离"，李冰通过创造，"切开玉垒"从而打开了宝瓶口。

创造，对于节税相当重要，没有优惠，为什么不创造优惠呢？创造优惠，也是节税工程的重要辅助措施之一，我们称之为"打开宝瓶"。

享受税收优惠，有时条件是现成的，但有时并不具备条件，所以需要创造条件。创造优惠法，是"靠近法规"

思想的体现，即通过变通使应税行为符合税收优惠的要求，从而达到节税的目的。归纳起来，税收优惠有三种形式：税基优惠、税率优惠和税额优惠。相应的创造也有三种形式：

1）税基优惠创造

税基优惠创造，就是通过一定的合法手段，使计税依据绝对额降低，从而达到节税的目的。这里以技术研发费为例加以说明。

> 企业从事《国家重点支持的高新技术领域》和国家发展改革委员会等部门公布的《当前优先发展的高技术产业化重点领域指南（2007年度）》规定项目的研究开发活动，其在一个纳税年度中实际发生的下列费用支出，允许在计算应纳税所得额时按照规定实行加计扣除。

针对这一条政策，我们首先要创造的条件，就是让自己企业的研发行为符合本条的规定。

财税 2018 年 99 号文件加大了加计扣除力度：

（一）研发费用计入当期损益未形成无形资产的，允许再按其当年研发费用实际发生额的 75%，直接抵扣当年的应纳税所得额。

（二）研发费用形成无形资产的，按照该无形资产成本的 175% 在税前摊销。除法律另有规定外，摊销年限不得低于 10 年。

我们要创造条件，使我们的研究成果形成无形资产，途径包括相关部门认定和专利申请等，以达到税前 150% 摊销的目的。如此一来，所得税的税基自然降低了。

2）税率优惠创造

税率优惠指的是根据税收法规规定，允许企业选择较低的税率纳税。如果企业刚好符合税率优惠当然是再好不过的事情，然而当条件不充分时，就需要创造条件。

企业所得税法规定，一般的企业按 25% 的税率缴纳企业所得税，小型微利企业减按 20% 的税率征收企业所得税，国家需要重点扶持的高新技术企业，减按15%的税率征收企业所得税。这种落差式的税率，就为节税工程提供了空间，在不违背经营整体利益的前提下，可以创造条件，让企业由25%的税率向20%或者15%的税率转换。

3) 税额优惠创造

税额优惠最常见的是税收返还、税额抵减和抵免。某些地方政府为了招商引资，实施了税收地方留成部分返还就属于该范畴。购买环保节能专用设备抵免所得税，也属于该范畴。

国税总局发布了《关于停止执行企业购买国产设备投资抵免企业所得税政策问题的通知》（国税发〔2008〕52号），文件规定，自2008年1月1日起，停止执行企业购买国产设备投资抵免企业所得税的政策。

但购买设备抵税方面，依然还有节税空间。《中华人民共和国企业所得税法》第三十四条规定：

> 企业购置用于环境保护、节能节水、安全生产等专用设备的投资额，可以按一定比例实行税额抵免。

《中华人民共和国企业所得税法实施条例》第一百条规定：

> 企业所得税法第三十四条所称税额抵免，是指企业购置并实际使用《环境保护专用设备企业所得税优惠目录》、《节能节水专用设备企业所得税优惠目录》和《安全生产专用设备企业所得税优惠目录》规定的环境保护、节能节水、安全生产等专用设备的，该专用设备的投资额的10%可以从企业当年的应纳税额中抵免；当年不足抵免的，可以在以后5个纳税年度结转抵免。

这两条规定，就可以充分利用，以实现税额优惠。当企业不完全符合税额优惠政策时，就需要进行税额优惠创造。

第 9 章

看懂都江堰，节税上千万

如果你是从头到尾认真阅读至此，那么，你应该已经掌握了郑仪创造的"节税工程"了。当你能够熟练应用这些方法后，创造节税千万的案例，也就算不上什么奇迹了。

在"节税工程"正式被提出来之前，企业界所采取的相当多的一些节税方法，实际上已经和"节税工程"不谋而合了。

2007 年，网上曾出现一篇源自《第一财经日报》的报道，名为《收购建筑企业，地产上市公司曲线避税》，下面三段话摘自这篇报道：

2007年6月23日,华润置地(1109.HK)宣布以1.7亿港元的代价收购母公司华润集团旗下从事建筑及装修业务的Toprun全部股权。此时距离富力地产(2777.HK)宣布以不多于11亿元的代价收购广州天力建筑工程有限公司(下称"天力建筑")仅一周有余。

据盛富企业管理咨询有限公司董事总经理黄立冲透露,他们最近在操作一些收购案例时也遇到房地产开发公司希望收购建筑公司的情况,但他拒绝透露上述公司的名称。而一位浙江省某建筑公司的高层王先生也对《第一财经日报》表示,在国家关于清算土地增值税的消息出来后,很快就有开发商向他表达了希望收购建筑公司的想法。

但对于非上市的房地产开发商而言,除了整体收购建筑公司的方式之外,开发商也可能向建筑公司承包一个施工队,而这个施工队在财务上与建筑公司完全独立,这一方式同样可以达到将开发利润转移的目的。

这些房地产开发公司收购建筑公司,走的就是"分江"思路。当然,房地产开发公司介入建筑环节,也可以通过成立新公司来实现。在"分江"的基础上,再应用"调水"——利润转移。

我们以数据来分析一下这种"分江"和"调水"的意义何在。

假如某房地产公司开发一个楼盘,楼盘销售收入12亿元,计算土地增值税时可扣除项目金额为3.8亿元(含加计扣除额),增值额为8.2亿元,增值率为215.79%,超过了200%,应纳土地增值税为:

土地增值税额=增值额×60%-扣除项目金额×35%
= 8.2亿元×60%-3.8亿元×35%
= 3.59亿元

如果通过收购,自己手中有了一个建筑公司,就可以将利润往建筑公司转移,从而降低房地产公司土地增值额,转移的方法是提高建筑收费。比如,通过转移,建筑收费增加2 000万元（为举例方便，不考虑此2 000万元的加计扣除因素），可扣除项目金额则变成了4亿元，增值额则为8亿元，增值率为200%，属于"未超过200%"，应纳土地增值税为：

土地增值税额＝增值额×50%－扣除项目金额×15%
　　　　　　＝8亿元×50%－4亿元×15%
　　　　　　＝3.4亿元

后一种方式节省土地增值税1 900万元。

也许有人会说，房地产公司增加2 000万元利润，要多缴增值税和所得税啊。是的，建筑业增加的增值税是60万元（2 000万元×3%＝60万元）（备注：清包工按3%简易计征），增加的所得税是500万元（2 000万元×25%＝500万）。节省的1 900万元土地增值税扣除这两项，还是赚1 340万元啊。更何况，很多建筑公司常常采取非正常途径增加成本，将2 000万元利润抵销掉，不用多缴所得税。

接下来，我们来看看本书序言中的33亿元税款是如何节省掉的吧。

如果你掌握了节税工程的三大手段,就会发现,这个 33 分钟节省 33 亿元的案例真的太简单、太不足为奇了。在这个案例中,用到了"分江"和"裁角"两个手段。虽然涉及各类工商手续,但 33 亿元的收益不小,值得去捡个麻烦。

首先,我们看"分江"。

郑仪首先建议将房地产公司 C 公司分拆为两个公司:新 C 公司和 C1 公司。其中,需要划归 A 公司的商务楼放在新 C 公司,需要划归 B 公司的商务楼放在 C1 公司。这个过程需要工商注册,要费一点时间。

其次,我们看"裁角"。

在郑仪建议之前,资金从 A、B 公司流入 C 公司,房产从 C 公司流回 A、B 公司,此处房产划转过户属于销售行为,需要缴纳各项税款,这个流向如图 9-1 所示。

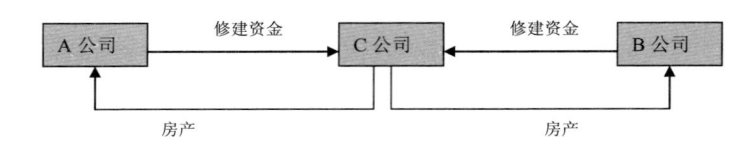

图 9-1 资金与房产流向

郑仪又是如何"遇湾裁角"的呢？

郑仪是通过"裁剪"，将"直线"变为了"曲线"，将A方式变成了B方式。直线就是图9-1所示，房产直接从C公司到A、B公司，曲线就是房产到分拆后的新C公司和C1公司转一圈，再到A、B公司。A方式是房产过户，B方式是企业收购（A公司收购新C公司，B公司收购C1公司），如图9-2所示。需要特别提示的是：C公司分拆时，房产要以成本计价，不得以销售价计价；A、B公司实施收购之后，也必须以成本价核算房产。这样处理，避免产生所得税。

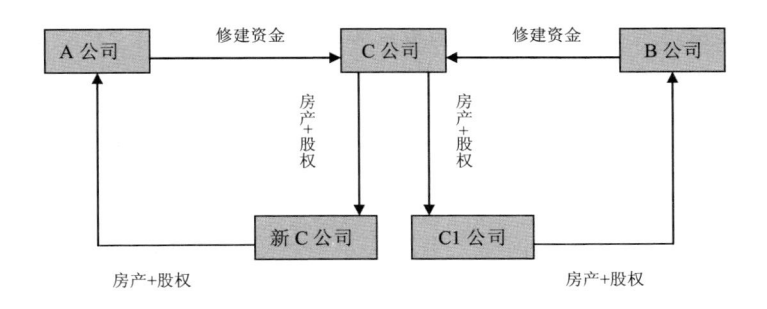

图9-2

郑仪这种"裁角"实际上也可以理解为增加了一个"角"，即新C公司和新C1公司。

在原有操作方式下，C 公司 69 万平方米商务楼中，1/3 划归 A 公司，1/3 划归 B 公司，都属于销售行为，涉及增值税及附加、所得税、土地增值税共 33.23 亿元（未考虑契税、印花税等）。

实施郑仪上述的"分江"、"裁角"之前，原来房产是从 C 公司卖给 A、B 公司，自然少不了纳税。实施"分江"、"裁角"之后，新 C 公司连同房产都是 A 公司自己的了，C1 公司连同房产都是 B 公司自己的了，不存在房产交易行为了，自然税款也省了，这一省，就是 33 亿元！

根据国家税务总局《关于纳税人资产重组有关增值税问题的公告》（国家税务总局公告 2011 年第 51 号）等文件的规定：转让企业产权是整体转让企业资产、债权、债务及劳动力的行为，其转让价格不仅仅是由资产价值决定的。所以，企业产权的转让与企业销售不动产、销售货物及转让无形资产的行为是完全不同的，不属于增值税征收范围，因此，转让企业产权不应缴纳增值税。

同时，国家税务局总公告〔2011〕13 号特别明确了企业合并、分立等不属于增值税的征税范围。

此外，《财政部 国家税务总局关于土地增值税一些具体问题规定的通知》（财税［1995］48号）第一条规定，对于以房地产进行投资、联营的，投资、联营的一方以土地（房地产）作价入股进行投资或作为联营条件，将房地产转让到所投资、联营的企业中时，暂免征收土地增值税。根据《关于土地增值税若干问题的通知》（财税［2006］21号），本免收土地增值税政策不适合于房地产企业，因此，从C公司到新C公司和C1公司，要走企业分立之路，以成本价作价房地产，而不能走投资之路，从而实现从C公司到新C公司和C1公司这个过程免土地增值税的目的。《中华人民共和国土地增值税暂行条例实施细则》第五条对收入作出明确，即转让房地产的全部价款及有关的经济收益。土地增值税是对企业转让土地及地上建筑及附着物时所实现的增值额进行征税。企业分立过程中，对房产、土地的分割，被分立公司未取得相应的收入和其他经济利益，也没有实现土地转让增值额。因此，企业分立对房产、土地的分割不是土地增值税的征税范围，无须缴纳土地增值税。

至于A公司收购新C公司，B公司收购C1公司，免征土地增值税的依据则是《财政部　国家税务总局关于土块增值税一些具体问题规定的通知》（财税［1995］48号）

第三条规定："在企业兼并中，对被兼并企业将房地产转让到兼并企业中的，暂免征收土地增值税。"

在所得税方面，也有法律依据。根据《财政部 国家税务总局关于企业重组业务企业所得税处理若干问题的通知》（财税〔2009〕59号）来操作，可以避免缴纳所得税。

郑仪提出节税思路，只用了33分钟，但他最后提出的节税报告长达数百页。我们这里引用这个案例，做了极大的简化。

至此，郑仪的"节税工程"就讲述完毕了。要用好这一节税工具，最后还需要提醒读者两点：

第一，不仅要学习财税知识，还要学习企业经营管理知识，只有在对企业经营战略和管理流程十分熟悉的前提下，才能高瞻远瞩地实施节税工程。

第二，认真学习税收法规，在法规允许的前提下实施节税工程。

第 10 章
化解"三大红线"税务风险

随着国家税收监管越来越严,以及区块链技术应用、大数据应用、银行税务联网等手段日渐成熟,企业偷税、逃税空间越来越小了,渐渐成为死路一条。

困于"死路"的企业家们,经常会问到税务风险如何化解。在此,我结合"节税工程"原理,给大家做一些指导,主要讲"隐瞒收入(两本账)"、"买发票(虚开发票)"、"公转私"三大红线风险如何处理。

1. "裸奔时代"的税务风险

透明化，是企业数据监管的大趋势。在透明化推进过程中，企业唯有合法，才能生存，野蛮生长时代一去不返了。

1) 电子发票启用直至取消发票

税务部门在推行电子发票方面力度越来越大。相对于纸质发票，电子发票更容易监管，更容易杜绝假发票、套号发票、版本过期发票以及虚开发票的行为。

当电子发票运行一段时间后，取消发票也具备了条件。某企业在何处采购材料、发生费用支出，大数据都能够采集到，届时发票就成了多余的了。发票取消了，那些靠"虚开发票"降低税收的企业，又从何处去虚开发票呢？

2) 数字货币改变企业运行规则

数字货币替代实体现金，也将是必然趋势。只要现金存在，私下暗箱交易就比较容易，私下发放工资就比较容易，个人卡收取销售收入不报税就比较容易，虚开发票资金私下往来也就比较容易。一旦全面启用数字货币，这些"比较容易"都将变成"不可能"。

比如，现在虚开发票，我给你100万元，你给我虚开一张发票，我给你好处费8万元，余下的92万元你再转回给我或者给我返还现金。当数字货币推开后，税务部门发现这种行为，只需要系统不到一秒钟的运作时间。

3) 数据云端管理让企业"裸奔"

将企业ERP数据放在云端，而不是放在你自家的服务器上面，这是很多地方政府在推动的事情，也是企业数据管理的必然。这一点，对于那些隐瞒收入、虚开发票的企业，后果是可想而知的了。

上面三大"变化"，我用一张图概括如下：

2. 个人卡收钱隐瞒收入如何化解

企业的某些客户，尤其是自然人客户，他们不需要发票。为此，在交易过程中，客户可能提出"我不要发票，能否便宜一点"。企业为了做成生意，就降点价，不开具发票，不报税。那收入收到哪里呢？

收到个人银行卡。这部分收入做在"内部账"上，不纳入税务申报。这就形成了"两本账"（内部老板一本真实账，报给税务一本假账），隐瞒收入。

在交易过程中，已经给客户降价了，事实上相当于把全部或部分税收作为"让利"给了客户，如果客户再缴纳较高的税收，在市场上就失去了与同行竞争的能力。

针对这一问题，我们最常见的处理方式是：以较低税收代价将收入阳光化。在"节税工程"课程中，我们称之为"用分流平台解决"。什么意思呢？假设你现在有一家企业，是一般税人，我们称之为A企业，它按13%缴纳增值税，按25%缴纳企业所得税。如果你把客户不要发票的收入，并在A企业纳税，就要承担13%的增值税，25%的企业所得税，税收压力很大。这时，我们去成立一个"分流平台"（"节税工程"课程八大平台之一），它就像都江堰内江之外的一条平行的小水沟，我们称之为a企业，它是小规模纳税人，按3%简易征收增值税，它是小微企业，按5%承担企业所得税。我们把客户不要发票的收入，假设不含税收入100万元，放在A企业，增值税销项是13万元，放在a企业，增值税却只有3万元，企业所得税也相对降低80%。

这一解决方法，我们也称之为"企业的大小组合"，是"节税工程"课程中讲到的 132 种方法之一。我相信，付出较低的、不影响与同行的竞争力前提下的税收代价，获取税收安全，很多企业是愿意的。

3. 虚开发票如何化解

以前存在虚开行为的，及时纠正，这是很多企业愿意做的。但过去的纠正了，现在和未来又怎么办？

解决这个问题，我们首先要明白，虚开的根本原因是什么？是进项发票不够。人力成本没进项抵扣、资金利息没有进项抵扣、毛利太高、回扣或佣金没有发票等造成了进项不够。

针对进项不够的问题，一是降低或分流销项，二是增加进项，三是切分并转嫁不能抵扣的成本支出。

降低销项，就是"宝瓶口"后端，将销售收入化整为零。比如，总公司销售 1000 万元的商品出去，纳税基数是 1000 万元。如果总公司把这 1000 万元的商品按 5 折批发给销售公司，总公司的纳税基数就下降一半了，税收相应地下降一半。销售公司再把这些商品转卖给多个小微或个体户，如同都江堰内江到了成都平原，细分为一条又一条小水沟。小微或个体户与总公司、销售公司之间存在税收落差。

分流销项，就是我们前文讲到的，利用"分流平台"来分流。

增加进项不是去虚开发票，而是在采购环节增加进项。一是选择供应商时，把进项发票的开具条款写进合同，尽可能100%取得专用发票；二是成立自己的采购公司，来保证主体企业进项发票。

切分并转嫁不能抵扣的成本开支，如何理解？比如，生产环节人力成本不能实现进项抵扣，我们将生产任务外包给其他企业，让其给我们按"加工、修理修配"开具13%的增值税专用发票，我们就变相地实现了人力成本进项抵扣。

4. 公转私如何化解

这里的"公转私",指的是没有正当经营目的,并且未履行纳税义务,把企业的资金转到个人卡,用于个人消费的行为。这种行为,属于"变相分红",应当履行纳税义务,按20%缴纳个人所得税。

如果钱能够还回公司,问题就比较简单了,直接从个人卡转回公司(当然,严格来讲,占用资金期间,个人应该向企业支付利息)。

但很多企业的现实困难是:这部分资金被花掉了,还不会回来,一直挂在"其他应收款——某某个人"科目下。针对这种情况,有多种处理方式,我们在实践中用得最多有两种:

1)用"外江"利润来归还

将"内江"的利润转移到"外江",在"外江"承担很低的税收成本后,分红到个人。个人再将这些资金用于归还企业，财务人员据此销掉"其他应收款——某某个人"挂账。

2)"债务重组"

企业 A、个人是两方债权债务关系，个人欠企业涉及纳税。但企业与企业之间欠钱，就不存在个人所得税了。

我们再找一家企业，比如企业 B，该企业与企业 A、个人三者签一个债务转移协议，个人欠 A 企业的债务，转而由企业 B 欠企业 A，财务据此将"其他应收款——某某个人"转为"其他应收款——企业 A"，自然就不涉及个人所得税了。

这一操作中，有两个关键：一是要证明这些资金是用于企业经营了，而不是用于个人或家庭开支了；二是要为企业 A 承担债务找到一个合理的商业目的。

企业税务风险，除了上述"三大红线"外，还涉及很多方面。有兴趣的读者，可以关注我们的线下培训课程，或者我们关于"节税工程"的读书会。

后记

左手逃税一百，右手多缴一千
—— 中国企业纳税现状

人生有两件事无法避免：一是死亡，二是税收。

死亡虽然可怕，但大家都接受了，因为这是一种强制性的机制，不接受不行。税收不可怕，但大家都不太接受，虽然它也是一种强制性的机制。

税收是一种利益分配机制，国家和政府为你提供经营秩序的保障，理应从你的收益中分取一定比例。但是，很多人不这么认为，他们认为：钱是我"一个人"挣的。真是"一个人"吗？如果没有国家机器的保障，没有正常的经济秩序，你去哪挣钱？比如你开个店卖商品，可能还没开张，就被抢光了。

所以，税收是不可避免的，也是必须接受的。我们要做的，是如何在合法的范围内降低税负，并从心理上接受得快乐一些。但目前的现状呢？却是："左手偷漏税一百，胆颤心惊；右手多缴税一千，浑然不知。"

"两本账" 成看家本领

偷漏税，在不少的企业中存在。

站在企业角度来说，这是一种"高收益"的行为，但同时，也是一种高风险的行为。一旦东窗事发，偷的漏的要补上，还将处以偷漏税额50%以上5倍以下的罚金。构成犯罪的，依法追究刑事责任，直接责任人（法人代表和财务负责人）还可能有牢狱之苦，可谓是钞票和自由双双失去。

企业偷漏税行为花样百出，但最常见的是"两本账"，一本账是真实的，一本账是假的。假的给税务部门看，假账上面少列收入，达到少缴流转税的目的；多列支出，让企业"被亏损"，达到少缴和不缴所得税的目的。与之相应的，还要让企业"总盘子"显得小一些，连资产额也隐瞒一部分。当然，其他税种也有人偷，比如土地使用税，就是通过隐瞒土地实际使用面积来偷漏税，明明租了一百亩地开工厂，却只报十亩。

我们在给企业做咨询时，常常碰到这样的情形：今天拿出一个报表来，销售收入少得可怜，销售成本高得离谱，利润更是微不足道甚至亏损严重。明天呢？又拿出一个报表，收入多，成本低，利润可观，资产状况良好。一了解，才知道前一个报表是给税务部门的，后一个报表是给银行的。在税务局，企业要叫穷，以便少缴税；在银行，就要说自己有钱，甚至打肿脸充胖子，表明自己有偿还能力，以便贷款更容易。

我们在这里要让企业老板和财务负责人思考两个问题：

1. 这些税一定需要通过冒险去偷吗？
2. 不偷达不到少缴税的目的吗？

事实上，不偷税也可以达到少缴税的目的，何必去偷漏税呢？

多缴税比偷漏税更普遍

说得夸张一点,现在 80% 的企业,尤其是中小企业,都有不同程度的偷税漏税行为。但在这些企业中,90% 陷入了这样一种误区:左手在偷漏税,右手却在多缴税!而且,多缴税情况还相当普遍!我们的团队曾经对 100 家企业做过调研,惊奇地发现:偷漏税的企业有 95 家,而其中多缴税的企业,却又在 75 家以上!很多企业,多缴的税是偷漏税的好几倍!

为什么要偷漏税这个问题很好回答,那就是为了利益。但为什么又会多缴税呢?就不是利益问题了,而是智商问题!企业申报税上去,税务部门原则上是照单全收,多缴了也不会退的,因为你根本就不具备退的条件。而你偷漏的,则是百分之百叫你补上,还罚款判刑。多缴税,一是老板不懂,二是财务人员笨,所以说是智商问题。

举个例子吧:某企业销售大型设备,这些设备是卖往西北地区油田,运输费很高,占到销售收入的 20%。这家公司想方设法偷税，包括少列收入，多列成本等，每年偷税额有300万元至500万元。但同时，这家企业却又在多缴税，多缴的税额高达2 000多万元。为什么呢？原来，他们是自办运输，运费从客户处收取后，也记入了"主营业务收入"，一并缴纳13%的增值税，这家公司某年销售收入近10亿元，运输收入2亿元，运输收入缴的增值税高达2 600万元（2亿元×13%＝0.26亿元）！其实，这个运输收入是可以按照9%缴纳增值税的，13%和9%之间，可不是一点点差异啊，而是800多万元！按9%计算缴纳营业税是2亿元×9%＝0.18亿元。这中间800多万元的差额，就是多缴的税款！后来，在我们的建议之下，这家公司独自成立了一家运输公司，按9%缴纳增值税。

"左手偷税一百，右手多缴一千"，这就是智力成本！

企业家大多不是学财务的，他们不懂，情有可原。但财务负责人不懂，就无法原谅了。财务人员不懂，一方面是不肯钻研——反正老板也不懂，我没做好，他也不知道！另一方面，可能确实是他们未想到好的方法。有一次一个财务经理来听我讲节税工程课，他课后对我说："原来我们一年多缴了好几千万啊！幸好今天老板没有来听课！"

左手偷漏税，胆颤心惊；右手多缴税，浑然不知！这应该成为历史了。

部分专家助推偷逃税

不偷怎么办？

很多人想到了纳税筹划。

然而，风靡全世界的纳税筹划却处境尴尬。从大量的纳税筹划图书看来，纳税筹划理论和方法均已十分完善。但是，这些理论和方法真正发挥作用的却很少。和偷税比起来，纳税筹划需要很多前提条件才能实施，很多企业又不具备这些前提条件；和偷税比起来，纳税筹划所能节省的税额太可怜了。为此，不懂纳税筹划的人选择偷税，懂纳税筹划的人也选择偷税。

甚至，部分纳税筹划专家们，都不屑于使用自己的"技术"为客户服务，而选择指导客户偷税，以至名声大坏，包括个别国际知名会计师事务所也是如此。

安然公司案曾经轰动全球，被这一案例拖下水的，还有著名的德勤会计公司。2003年2月，美国国会税收联合委员会公布了对安然公司的税收调查报告，报告显示，安然公司使用多种复杂的避税手段，5年内少缴20亿美元。1995—2001年，安然公司利用12个大的避税方案，规避了巨额税款。其中最大的避税方案就是2000年由德勤会计公司提供的，该方案通过复杂的交易，使安然公司少缴了4.14亿美元的联邦公司所得税。

2004年3月，美国司法部联邦检察官介入了对毕马威会计师事务所的调查，因为根据美国参议院犯罪调查委员会的调查，该事务所涉嫌兜售"非法避税方案"，在不到一年的时间里，这些避税"秘籍"使毕马威的几百个客户少缴了10多亿美元的税款。毕马威是国际四大会计公司之一。名列"四大"会计公司的另外两个：普华永道、安永也在做着同样的事情，并已经受到多个国家政府的警告。这些会计公司，打着指导避税的幌子，做的却是指导偷税的行为。这无疑是纳税筹划的悲哀。

怎一个"偷"字了得

　　偷税是违法的,偷税的人都知道这一点。但是,不少企业还是在偷,他们都存在侥幸心理:不会被发现,即使被发现了,也可以通过关系摆平。某行业管理协会的一名负责人曾经这样说过:"我们这个行业,如果都合法纳税的话,一年时间内,至少倒闭95%的企业。"他说这话,一方面是因为通过调查发现行业内偷税太普遍,另一方面是因为他发现这些企业所获取的利润尚不足偷税额,也就是说不偷税就要亏损。当然,这话也太偏激了,如果大家都不偷税,公平竞争,整个行业可能发展得更好。

　　偷税对偷税者来说,是犯罪行为,对国家、对社会来说,则是毒瘤。首先,偷税所侵占的,是国家的财富,同时也是社会的财富,这是一种非法的财富敛集手段。其次,偷税破坏了市场竞争的公平性。依法纳税的企业,综合成本高,偷税的企业,综合成本低,在市场竞争中,偷税者反而更有优势实施价格战。

依法纳税的企业，是具有社会责任感的企业，这些企业的企业家，也是正直的有社会责任感的企业家。但是，偷税却让他们处于劣势，长此以往，他们就会在竞争中落败，进而被迫出局。那么，依法纳税的企业该怎么办呢？为了取得竞争优势，也去偷税吗？当然不行。作为税务领域的专家们，有义务为正直的企业和企业家指条明路。我们认为，这些企业和企业家应该实施一种真正有效的节税方法。这种真正有效的方法，除了纳税筹划，更值得推荐的就是"节税工程"，企业可以通过实施"节税工程"，降低自己的综合成本。

在某一天，当越来越多的企业可以底气十足地说，我们不偷税，照样可以降低成本，因为我们有"节税工程"时，那么，无论企业、节税工程专家还是税务监管部门，都将会备感欣慰！

"节税工程"：节税者的终极出路

税法的改革，是时代的进步。无论是企业、税务工作者还是纳税筹划专家们，都应该感到无比高兴。

在新的税法之下，纳税筹划还是存在一定的空间。比如：

（1）区域优惠消失了，但产业优惠可以利用。新企业所得税法已将以往以"区域优惠为主"的税收优惠政策调整为以"产业优惠为主、区域优惠为辅"的优惠政策。经济特区、经济开发区、高新技术开发区等大多已失去区域优惠，这时，我们的节税思路上，可以考虑从投资地点的税务筹划向投资方向的税务筹划转变。

（2）纳税方式可以利用。新企业所得税法统一以法人为单位纳税，不具有法人资格的营业机构应实行法人汇总纳税制度，法人母子公司不再合并纳税，此外，还规定"符合条件的小型微利企业，减按20%的税率征收企业所得税"。连锁企业、集团型企业可以充分利用这一规定，是设立法人还是非法人分支机构，可以根据税负高低来决定。另外，具备条件的连锁企业，可以考虑化整为零，每一个连锁店都设立为"小型微利企业"减按20%的税率征收企业所得税。

（3）税前扣除筹划依然适用。首先，扣除限额范围内的，可以充分列支。新企业所得税法对于工薪、福利、捐赠、广告费等给予了更加宽松的税前扣除政策，扣除限额提高，企业因此可在规定的限额范围内充分列支工资、福利、捐赠、广告费及研发费用等。其次，充分利用加计扣除。企业为开发新技术、新产品、新工艺发生的研究开发费用，在据实扣除的基础上，另按75%加计扣除，企业可加大研发投入，寻求更好的发展；安置残疾人员及国家鼓励安置的其他就业人员所支付的工资在据实扣除的基础上，另按100%加计扣除，这方面也可以考虑。再次，加速折旧。新企业所得税法规定企业的固定资产由于技术进步等原因，确需加速折旧的，可对该类固定资产按最短的年限采用加速折旧法计提折旧。

（3）关联交易的"大门"并未锁死。新企业所得税法和实施细则，以及税收征管法对关联企业之间的转让定价等关联交易作了一些规定，但究竟如何确定"合理价格"，目前还没有更具体更细致的规定，而且在市场瞬息万变情况之下可操作性较低，这就为企业节税提供了可利用的空间地带。

尽管有这些空间存在，但企业实施节税的难度已经困难得多了。税收法规年年修改，主要建立在"充分利用法规"基础之上的走"非违法之路"的纳税筹划，常常措手不及，很多原本行之有效的方法，在税法作出修改时变得毫无用处（部分纳税筹划方法存在的基础，本身就是钻税法的空子）。在纳税筹划路越走越窄的情形下，"节税工程"的诞生，是值得高兴的一件事情。作为一种新的节税方法，"节税工程"最大的突破在于：从企业经营角度出发，从全局范围来解决表面上看来属于局部的节税问题，建立在企业经营自主权基础之上，而不是建立在"充分利用法规"的基础之上。

作为一种新的节税方法，大家可能会觉得"节税工程"很深奥。事实上，这种方法非常通俗易懂——看得懂都江堰水利工程，就会应用节税工程。我们推出这一方法的目的，不是搞理论研究，而是想让每一个老板和财务经理人都轻松掌握，让每一个企业节而不偷，在市场上公平竞争。

虽然，"节税工程"是应新税法而诞生，但它很大程度上摆脱了对税法的依赖，转而依赖于企业经营自主权。无论税法怎么变化，自主经营权不会被剥夺，那么，节税工程就一直行之有效。这一转变，让节税变被动为主动，再也不会在税法修改面前节节败退。当节税相当程度上不再受制于税法修订，节税人员与法规制定者之间就超越了博弈关系，节税也就找到了终极出路！

愿大家用好节税工程，愿税收环境更加环保，愿市场竞争更加公平！